文學叢刊

陳福成編著

# 在北京《黃埔》雜誌回顧

## ——陸官44期畢業50週年紀念

文史哲出版社印行

國家圖書館出版品預行編目資料

在北京《黃埔》雜誌回顧：陸官 44 期畢業 50 週年紀念 / 陳福成編著. -- 初版. -- 臺北市：文史哲出版社, 民 113.01
頁： 公分.（文學叢刊；479）
ISBN 978-986-314-664-3 (平裝)

1.CST：黃埔軍校 2.CST：歷史

596.71 113000845

文學叢刊 479

# 在北京《黃埔》雜誌回顧

## 陸官 44 期畢業 50 週年紀念

編著者：陳 福 成
出版者：文 史 哲 出 版 社
http://www.lapen.com.tw
登記證字號：行政院新聞局版臺業字五三三七號
發行人：彭 正 雄
發行所：文 史 哲 出 版 社
印刷者：文 史 哲 出 版 社
臺北市羅斯福路一段七十二巷四號
郵政劃撥帳號：一六一八〇一七五
電話886-2-23511028 · 傳真886-2-23965656
實價新臺幣三二〇元
二〇二四年（一一三年）一月初版


ISBN 978-986-314-664-3 10479

1　黄埔雜誌

黄埔
为黄埔同学立言 为祖国统一尽力
黄埔军校同学会主办
双月刊 总第195期
2020.6
世纪跌宕人生 别样黄埔风景
——贵州百岁黄埔同学风采录
百岁黄埔老兵黄海潮
父亲的三张照片
父亲的抗战

黄埔
为黄埔同学立言 为祖国统一尽力
黄埔军校同学会主办
双月刊 总第194期
2020.5
世纪跌宕人生 别样黄埔风景
——贵州百岁黄埔同学风采录
纪念抗战胜利75周年

黄埔
为黄埔同学立言 为祖国统一尽力
黄埔军校同学会主办
双月刊 总第197期
2021.2
抗疫中的黄埔人

黄埔
为黄埔同学立言 为祖国统一尽力
黄埔军校同学会主办
双月刊 总第196期
2021.1
抗疫中的黄埔人
见证历史，再续先辈前缘
他见证了南京受降仪式
父亲的二三事

黄埔
为黄埔同学立言 为祖国统一尽力
2021.5
新冠疫情湖北保卫战
中的黄埔亲属
发扬红色传统与爱国革命的黄埔精神 共同致力于祖国统一和民族复兴
传承黄埔精神 促进祖国统一
发挥黄埔特殊优势 矢志践行初心使命

黄埔
2021.4
风展红旗如画
——庆祝中国共产党建党100周年
传承黄埔精神，共筑民族复兴中国梦
我的父亲——百岁黄埔抗战老兵吴道华的传奇人生
我的风雨人生

黄埔
為黄埔同學立言 為祖國統一盡力
2022.2
湖北篇
黄埔後代風采
从第5期开學典礼看黄埔精神教育

黄埔
為黄埔同學立言 為祖國統一盡力
2022.1
黃埔精神之當代闡釋
《黃埔校歌》詞作者的創作心路與人生路
記黃埔百歲老兵毛洪群

# 序　轉播黃埔人的故事、流傳千秋

這裡所轉播的黃埔人
絕大多數都走了
再過些年
也走光了
連筆者也走了
筆者的黃埔同學們
也走光光
然而
黃埔人的故事
黃埔人的精神

不走、不死
永恆的流傳

流傳在神州大地
激勵著每一代的中國人
警示生生世世的炎黃子民
以黃埔精神
為心、為劍
為無尚之大法
守護我們中華民族
保全每一個中國人
不受帝國主義侵略
得以有尊嚴的生存、生活
黃埔人的精神
在追求中國之

獨立、富強、統一

實現中華民族偉大復興

實現中國夢

附記：筆者所有著、編、譯出版著作（如書末表列），都放棄個人所有權，贈為中華民族之文化公共財；凡在中國地區（含台灣）內，任何出版或文化單位，均可不經筆者之同意，自由印行，廣為流通，嘉惠每一代的炎黃子民。

筆者所有作品，都和中華文化、民族精神與中國幾千年優良傳統，有著精神上的連結，有心靈上的交流，對每一代的中國人會有鼓舞作用。因此，歡迎印行，廣為傳佈，是吾至願。

中國台北公館蟾蜍山　萬盛草堂主人　**陳福成**　誌於

佛曆二五六六年　西元二〇二三年十一月

# 在北京《黃埔》雜誌回顧

## ——陸官44期畢業50週年紀念

## 目 次

# 第一章　貴州黃埔同學風采錄（一）

北京《黃埔》雜誌二〇二〇年第五期，主題是〈世紀跌宕人生、別樣黃埔風景：貴州百歲黃埔同學風采錄〉，附題是〈紀念抗戰勝利75周年〉。讓我想到，我陸官44期畢業（一九七五年畢業），也快50年了！

回顧自己過往的半個世紀，從鳳山軍校大門走出的革命青年，如今已是耄耋老朽。那漫長的瞬間，到底革了什麼命？什麼都沒有！立的志向都成了空言，如今回想，如夢如幻，無去亦無來，一切都如學生時代帶隊的值星官那句口令：「原地踏步走」！而非志向所立，卻意外收穫滿滿。啊！人生，難以把握，不可思議！

## 壹、《黃埔》雜誌二〇二〇年第5期文章主題

## 特別策劃：貴州百歲黃埔同學風采錄

楊震環，〈世紀跌宕人生、別樣黃埔風景：貴州百歲黃埔同學風采錄〉

華廷凱，〈戰時軍中「順風耳」，晚年續寫黃埔情：訪14期同學郭學聖〉

高林、彭文，〈難忘銅鼓井的軍歌聲：訪四分校17期同學楊瑞堂〉

楊曉海，〈戎裝雖卸心猶在，一入黃埔一生情：訪砲校代訓16期同學李文華〉

羅永生、高林，〈那段「立馬九嶺」的無悔青春：訪五分校16期同學黃文禮〉

華廷凱、李政德，〈騰衝戰役立功，遠赴越南受降：訪五分校18期同學李茂德〉

## 抗戰勝利75周年與兩岸時政

王琰、尹向東，〈黃埔師生在髫髻山抗戰〉

洪永珊、汪校芳，〈鄭坡憶遠征緬甸〉

鍾燕林，〈從黃埔軍校第三分校走出來的幾名抗日將士〉

白孟宸，〈不簡單的陪都：抗戰期間的重慶〉
彭韜，〈香港國安法亮劍斬斷「港獨」「台獨」合污黑手〉
吳亞明，〈海峽兩岸大事記二〇二〇年六—七月〉
石稼，〈航母大科技〉（下）

## 人物春秋與黃埔歷史

陳宇，〈羅瑞卿在抗大〉（下）
吳龍龍，〈百歲黃埔同學張鴻茂〉
張遵道，〈非常之人：記蘭州市七里河區黃埔聯絡組組長王進華〉
鄔霄勇，〈血戰黃河大鐵橋：紀念外公詹化球誕辰 119 周年〉
葛輝，〈耄耋老人的一封家書〉
單補生，〈中央軍校致燕京大學實寄封〉
賈曉明，〈一九二六年三月廿五日，陳銘樞、白崇禧作為廣州國民政府代表抵長沙，與唐生智舉行會談〉

數十年來，貴州省先後有一千三百多黃埔人，加入黃埔軍校同學會，持續發揮他們人生的餘熱。二〇二〇年以來，貴州省黃埔軍校同學會同仁們，分別赴貴陽、遵義、六盤水、安順、畢節、黔東南六個市州，採訪十位百歲黃埔同學。分別在《黃埔》二〇二〇年第五、六兩期，做簡要介紹，本文先略述五位。

## 貳、採訪戰時軍中「順風耳」14期同學郭學聖

郭學聖，又名郭經華（一九一六—）

原籍：黑龍江哈爾濱

黃埔軍校14期通信科畢業

現（二〇二〇年）任：貴州省黃埔軍校同學會理事

郭學聖，一九一六年農曆四月初八生。抗戰期間，作為通信技術人員，他在浙江、湖南、廣西等地參加抗日戰爭，曾親歷第二次長沙會戰。歷任通信排長、連長，在西南游擊幹部訓練班、貴州獨山黃埔軍校四分校任教官。長期在軍隊從事招募、訓練和通訊教學工作。

一九三九年底，郭學聖在「西南游擊幹部訓練班」培訓新兵。培訓班上有一位女學員名叫汪雪芳，安徽皖南一書香門第之閨秀，父親慘遭小日本鬼子惡寇打死，身負國仇家恨的她，十五歲就參加了新四軍的抗日劇團。後又考入軍訓部辦的戰士3團，一九三九年底，她被保送到西南游擊幹部訓練班受訓。

在「游幹班」學習期間，情竇初開的汪雪芳和帥氣英武的郭學聖，在受訓期間相互傾慕，一九四〇年十一月廿一日，他們在同事見證下訂婚，不久也舉行了簡單的婚禮。婚後他們都在不同單位工作，也是聚少離多。

一九四一年九月，第二次長沙會戰爆發，郭學聖在國防部直屬通信兵第2團4營13連任准尉見習官，奉命赴長沙搶運重要通信裝備。一九四二年到黃埔軍校短暫受訓，後考入第四分校（獨山）任通信教官，同時在獨山中學擔任訓導主任、體育老師和童子軍教官。

勝利後四分校裁撤，新中國成立後，郭學聖定居在安順（貴州省第三大城市），並先後在安順工商聯、電廠、郵政等單位從事電訊工作和人才培養。退休後他積極參與黃埔軍校同學會，連繫海內外黃埔同學，為祖國統一發揮了紐帶作用。

二〇二〇年時，郭老已高齡一百零四歲，當選為黃埔軍校同學會第六屆理事會理事。至今（二〇二三年）若健在，應已一百零七歲，願他健康快樂！

## 參、採訪四分校17期同學楊瑞堂：難忘銅鼓井的軍歌聲

楊瑞堂，別名楊整軍（一九二〇—）

原籍：江蘇金壇

黃埔軍校四分校17期步兵科

當過軍人都會記得唱過的軍歌，每天都唱很多次，就算過了幾十年也仍記得。楊老在接受採訪時，說在四分校最深刻的回憶，就是唱政治部主任余拯創作的軍歌，〈黃埔軍校在銅鼓〉，兩鬢斑白已百歲的他，仍能挺直身子，雄壯有力的唱著：

黃埔、黃埔
黃埔軍校在銅鼓
銅鼓驚醒了中華民族的靈魂

銅鼓敲碎了日本軍閥的心靈
收回了黃埔
收回了黃埔
保障了中華民族的獨立平等與自由
恢復了中華民族的錦繡河山與版圖

楊瑞堂，一九二〇年七月生。一九四〇年考入黃埔四分校17期步科，一九四二年畢業，分發到貴州保安第6團負責新兵征訓。先後任少尉、中尉分隊長、上尉中隊長，在鎮寧、黔西等地工作。

採訪中楊老講到他們在四分校要自建講堂和宿舍，可見當時中國人多麼克難，在極困難狀況下全民抗日。原來一九四〇年楊瑞堂考入四分校時，分校才遷到貴州不久，校部在銅鼓井，楊老的24總隊在獨山縣城飛機場北側，各項設施空空如也！

軍校師生組隊到獨山山上伐木，自構土磚建土牆，自建簡易講堂和宿舍等，自行修建分校到縣城的連接路，命名黃埔路（該路保存至今）。這是現在讀軍校的人，所不能想像的事！

勝利後，楊瑞堂在江蘇金壇縣警察局工作，後又回到貴州平越縣（今福泉市）任自衛隊少校總隊副。新中國成立後，曾在鋼鐵廠、糧食局工作，如今（二〇二三年）正享受著四代同堂之樂。

## 肆、採訪砲校代訓16期同學李文華：一入黃埔一生情

李文華，原名李中仁（一九一四—）

原籍：山東省泰安縣

黃埔軍校16期砲科

投入最深的情：一入黃埔一生情

李文華，一九一四年十二月廿五日，出生在山東省泰安縣城郊外風台村。二〇二〇年接受採訪時，他已高齡一百零六歲，很多事情記憶已模糊，唯獨成為黃埔人參加抗日經歷，讓他記憶如新又激情，一入黃埔一生情！

一九三五年時，李文華先考入南京砲校受訓，後被保送到砲校初級幹部訓練班

學習。一九三八年再考入中央軍校砲校代訓16期，正式成為黃埔軍校16期砲科第20總隊的學生，一九四〇年畢業。

軍校畢業後，李文華回到砲10團3營8連任見習官，半年後任排長，先後駐湖南沅陵、郴州等地，負責砲兵訓練。不久部隊開赴崑崙關參加廣西會戰，李老被調到湖南祁陽的突擊總隊山砲連任連長，負責訓練任務。

突擊總隊任務結束後，李老回到砲10團3營。一九四四年，砲10團隨中國遠征軍司令長官部，進駐保山支援滇西作戰，配屬各軍師。其間，李文華曾遠赴緬甸密支那，接收美國提供的兩門榴彈砲任務。

抗戰勝利後，李老隨部隊駐連雲港、雲南元江等地。新中國成立後，他定居貴陽，在馬車隊工作，後在貴陽經營小賣部，直到九十多歲才回家安享晚年。黃昏時的回憶，那些黃埔往事、抗日經歷，始終讓他動心且記憶如新，「一入黃埔門、終身黃埔人」啊！

## 伍、採訪五分校16期同學黃文禮：「立馬九嶺」無悔青春

黃文禮（一九二二—）
原籍：雲南省大理白族自治州彌渡縣
黃埔五分校（昆明）16期步科
湖北通城「九嶺戰役」受傷致殘
現（二〇二〇年）任：貴州黃埔軍校同學會理事

黃文禮，一九二二年九月廿二日生於雲南彌渡。一九三九年考入第五分校16期步科第18總隊，一九四〇年十月畢業。分發到第1集團軍58軍新11師32團1營1連任少尉排長，駐守在湘鄂贛邊區通城（屬湖北）。

一九四一年，小日本鬼子軍隊從鄂南突擊，欲沿湘鄂公路進犯長沙，途中必經通城縣九嶺。當時守九嶺的第10師潰不成軍，第9戰區司令長官薛岳電令58軍，命令副軍長魯道源立即赴前線督戰收復九嶺，黃文禮作為58軍之一排長，隨軍參加了這場九嶺戰役。

經浴血奮戰，中國軍隊收復了九嶺，魯道源當即題詞「立馬九嶺」。打勝了這場戰役，是黃文禮一生最感光榮的事，只是他在戰役中受傷致殘，這是一九四一年七月間的事。黃老右眼被砲彈碎片擊傷，在後方醫院治療多時，最後被定為二等傷殘軍人，住進了療養院長期療養。他後來曾在糧管所當會計，一九七六年退休。

七十九年後的今天（指二〇二〇年的某一天），從湖北通城縣馬港鎮往湖南平江方向一〇六國道旁，立起魯道源的題詞「立馬九嶺」大字石碑，正默默述說著「九嶺大捷」的抗日故事，警示後世炎黃子孫，永遠要小心日本鬼子，同時要永保國家富強，才能阻止外敵入侵，人民永遠過著安康的生活。

## 陸、採訪五分校18期同學李茂德：騰衝戰役立戰功

李茂德，又名李文濤（一九二一—）

原籍：貴州盤縣

黃埔軍校第五分校18期步科

主動請纓參加騰衝戰役

現（二〇二〇年）任貴州黃埔軍校同學會理事

李茂德，一九二一年十一月出生在一個農民之家，那個年代，神州大地上兵荒馬亂，到處有一股股土匪，光天化日下搶劫村莊，任意殺人，無法無天。七歲那年，土匪搶光了家中財物，祖父和父親還被土匪殺害，又放火燒了房子。

一九四一年，黃埔軍校五分校在昆明招生，中學未畢業的李茂德，照規定不能報考。他原名李文濤，為順利考取，便化名李茂德又造假證，但被審核軍官發現，他如實相告，強調自己是愛國青年，志在殺敵，請求同意報考。

審核者仍不同意，並告訴他可以去當兵。他對審核官說：「當兵只能以一個人去殺日本人，進軍校可以學到本領，若我是連長能帶一連人殺日本人，若我是營長能帶一營人殺死很多日本鬼子。」審核官被這少年的愛國精神感動，同意他參加考試。

一九四一年十月，李茂德如願考入五分校18期步科，一九四三年六月畢業。分發雲南暫編23師任騎兵連排長，不久調工兵營，駐守雲南昆明飛機場；此期間，騰衝戰事吃緊，他主動請纓參戰，騰衝之戰取得重大勝利。

一九四五年小日本鬼子終於投降，李老的部隊奉命到越南河內接受倭鬼繳械投降，順利完成受降任務。多年後，李老回憶這段抗日和受降經歷，仍內心澎湃，寫下了一首詩：

自願抗日雪國恥，南征北戰遠離鄉。
長風破浪追窮寇，直到越南去受降。

勝利後李老曾隨軍駐東北四平、錦州等地，一九四九年在第6軍1016團代理團長。新中國成立後，他回到盤縣（今六盤水盤州市）家鄉，手執教鞭，教書育人直到退休。

## 柒、黃埔師生在髻鬐山抗戰

《黃埔》二〇二〇年第五期，有王琰、尹向東的〈黃埔師生在髻鬐山抗戰〉一文，該文列記許多黃埔師生的資料，姓名、期別、單位、職稱都清楚。這正是筆者一直在找尋的寶貴史料，全部抄列下來，

髻鬐山在北京市門頭溝區，海拔一五二四米。當地人以髻鬐山形如少女髮髻，

故叫髻髻山（也叫鬏鬏山）。明朝沈榜（湖廣臨湘人，今長沙市，曾任順天府宛平縣知縣）所著《宛署雜記》一書（二〇一八年北京出版社有出版），在該書稱髻髻山是西山之祖，是北京西山大嶺山系的主峰之一。

一九三七年八月十八日到九月十五日，髻髻山發生一場中日平西大戰。雙方大戰經過可看王琰、尹向東的文章，本文僅列記下這場戰役中的黃埔師生，作為對我早期黃埔前輩們的永遠懷念。

符昭騫：黃埔一期教官，第 14 軍軍部參謀處長。

劉戡：黃埔一期，第 83 師師長。

張際鵬：黃埔一期，83 師副師長（或補充團團長）。

吳伯華：黃埔一期，83 師參謀長。

陳武：黃埔一期，83 師 249 旅旅長。

魏巍：黃埔四期，83 師 249 旅參謀。

曾憲邦：黃埔四期，83 師 249 旅 498 團團長。

梅展翼：黃埔四期，83 師 249 旅 497 團團長。

陳權武：黃埔四期，83 師 249 旅 497 團 3 營營長。

楊光鈺：黃埔一期，83師補充團團長（或已調走）。
龔思齊：黃埔四期，83師輜重營營長。
李楚瀛：黃埔一期，83師247旅旅長。
周建陶：黃埔一期，83師247旅副旅長。
李紀雲：黃埔四期，83師247旅493團團長。
余錦源：黃埔二期，83師247旅494團團長。
陳　鐵：黃埔一期，第85師師長。
傅正模：黃埔一期，85師副師長（或83師副師長）。
石鳴珂：黃埔一期，85師255旅510團團長。
劉眉生：黃埔五期，85師255旅510團副團長。
谷　熹：黃埔四期，85師255旅509團團長。
李默庵：黃埔一期，第10師師長。
彭杰如：黃埔一期，第10師副師長。
楊文璉：黃埔三期，10師參謀長。
黃德儀：黃埔三期，10師參謀。

陳牧農：黃埔一期，10師28旅旅長。
劉嘉樹：黃埔一期，10師28旅副旅長。
馬叔明：黃埔三期，10師28旅56團團長。
劉明夏：黃埔一期，10師28旅57團團長。
谷樂軍：黃埔一期，10師30旅代旅長。
邱企藩：黃埔一期，10師30旅副旅長。
劉建修：黃埔四期，10師30旅58團團長。
王聲溢：黃埔四期，10師30旅59團團長。
曾　魯：黃埔二期，10師補充團團長。
周一寰：黃埔五期，10師工兵營營長。
鄭庭笈：黃埔五期，10師28旅，營長（按鄭的回憶錄）。

## 捌、八位功在國家民族、永恆懷念的黃埔老前輩

鄭坡（一九〇二－一九七三）：出生於寧波市奉化區蕭王廟街道豐嶺岙村。

黃埔一期畢業，歷任憲兵團營長、國府警衛旅參謀長兼第二團團長、特務團團長、警衛軍第四旅旅長。

一九三〇年，曾經短期棄軍從農，在奉化、三門和上海等地興辦大華農場。抗戰爆發後，為痛恨日本鬼子入侵，重返軍營保家衛國，任西北游擊幹部訓練班辦公室主任。後參加遠征軍，任緬甸第二集練處處長、滇康緬邊境特別游擊區總指揮，授中將銜。

黃啟東（一八九一—一九三八）「寧作戰死鬼，不作亡國奴」：一八九一年生於湖南平江三陽，保定軍校一期畢業。歷任四川新軍巡閱官、參謀官，江西吉安縣縣長、師教導隊教育長、黃埔三分校上校大隊長、少將旅長、第23師少將參謀長。

一九三八年，日軍數十萬進犯徐州，第23師（師長李必蕃、參謀長黃啟東），奉令扼守豫東、魯西之鄆城、荷澤一帶，五月血戰，師長與官兵抱定與荷澤城共存亡決心。五月十五日，師長李必蕃受重傷，自殺殉國，遺言：「誤國之罪，死何足惜，願我同胞，努力殺敵！」

李師長殉國後，同日，參謀長黃啟東率部與敵血戰，頭部中彈而死，臨終言：「何以對國家？何以對民族？寧作戰死鬼、不做亡國奴！」

平江文史專家彭以達稱，當時李必蕃、黃啟東殉國事傳回，平江舉行盛大追悼大會，由黃憲藩作詞的歌曲廣為傳唱：「屈子汨江，忠義之鄉；抗戰最烈，黃參謀長；壯士誓死，熱血滿腔；願吾後起，復仇興邦！」湖南各界追悼發表了大會宣言：

陸軍23師李故師長必蕃、黃故參謀長啟東與壯烈成仁將士，此次在山東荷澤一役，英勇殉職，其死之慘，犧牲之烈，固然值得我們悲痛，但是我們從另一方面看，也值得我們欣慰，我們歌頌。一部民族史，可以說是幾千個忠義士的成仁史。荷澤一役，忠勇殉職，與其說他們是犧牲，毋寧說他是成就，而這種成就，不是他們個人的成就，而是中華民族歷史的成就。

過鎮中（一九二二—）：一九二二年二月廿六日生於江西撫州。一九三八年秋，考入黃埔17期步科，一年後隨校遷到江西瑞金，一九四三年春畢業，分發到第三戰區第100軍19師55團8連當政治指導員。

一九四三年夏，過鎮中所在的19師參加常德會戰，經歷大小戰役二十多次。記憶最深刻，在湖南湘西，過鎮中和三百名官兵浴血奮戰，最後剩十八人時援軍趕到，過老等十八人僥幸存活下來。

王維本（一九一六—）：出生在浙江永康縣象珠鎮的一戶農家。一九三八年他考入黃埔三分校軍官訓練班8期，一九四一年到一九四二年，他參加第二和第三次長沙會戰。第三次長沙會戰時，他在預10師29團任中尉偵察排長並協助團副工作，一九四九年隨傅作義部起義。

王維本曾在第三次長沙會戰打下日軍偵察機，並參加敢死隊與日軍白刃血戰，致全團剩五十人，餘全部壯烈殉國。可惜他的資料不夠詳細，而一九四九年之後的行誼記錄也都從缺。

張鴻茂（一九二〇—）：一九二〇年十二月廿三日，出生在河南舞陽。黃埔18期生，現（二〇二〇年）以百歲高壽，為江西省黃埔軍校同學會會員，定居在江西省宜春市袁州區學府路，過著幸福的老年生活。

一九三八年三月，他到第30師孫連仲部參軍，因年齡小分配到衛生隊任擔架兵，不久參加了山東棗莊台兒莊戰役。年底回鄉探親與部隊失聯，次年加入孫桐宣的第3集團軍，不久考入黃埔西安分校，成為18期22中隊工兵科學員。畢業後曾任197師工兵參謀，解放後為祖國做了很多工程建設，如海南島修公路、東北建機場、宜春基建等，直到離休。

王進華（一九二一—）：張遵道在文章中說，家父與黃埔老人孫天笠、王進華三人，合辦七里河區黃埔聯絡組編印《黃埔情》油印小報；進而了解王進華，因而寫了〈非常之人：記蘭州市七里河區黃埔聯絡組組長王進華〉一文，記述王老為黃埔同學會盡心盡力。

王進華，一九二一年八月七日，出生在甘肅省臨澤縣蓼泉鄉雙泉村。一九四二年他酒泉肅州師範畢業，年底考入黃埔 19 期工兵科，一九四五年畢業，分派青年軍 206 師，後又歷任 178 旅排連長，駐守哈密機場。

新中國成立後，他參與甘肅基建，一九八四年離休。一九八九年甘肅黃埔軍校同學會成立，次年他加同學會。從此，他再次「獻身黃埔」。如今（二〇二〇年），王老已是百歲老翁，他依然秉持黃埔精神，前進不止，只有倒下，沒有退下，這就是黃埔人！

詹化球（一九〇一—一九三八）：先烈詹化球已離世八十五年了（二〇二三年止），仍有家族人懷念他，顯示這是不忘本的中國傳統精神，鄔霄勇的文章〈血戰黃河大鐵橋：紀念外公詹化球誕辰一一九周年〉。

詹化球，名孝嚴，字恩沐，號克帝，一九〇一年六月十六日生於浙江省寧海縣西店鎮老詹家村。一九二六年三月考入黃埔5期工兵科，一九二七年八月十五日以前三名畢業，留校任政治部宣傳員。後參加北伐，曾在緝私局、稅警團任職，一九三六年十一月被編入鐵道兵團。

抗戰爆發，日軍14師團計劃在一九三八年二月八日，以前攻取河南新鄉，乃對新鄉、黃河大鐵橋大舉轟炸，中國軍隊誓死抗擊，粉碎其二月八日前攻取新鄉之美夢，日軍不斷增兵。二月十日，第一戰區長官程潛命新八師開赴鄭州防守黃河大鐵橋，並命鐵道兵團先行防守並搶修黃河大鐵橋，以利國軍物資人員通行。

詹化球帶領鐵道兵團的教導連（約八百人），星夜趕到大橋南岸，兩天兩夜完成搶修，國軍部隊開始通行。但也傳來不利消息，有一日軍聯隊約三千人向大橋撲來，詹化球所率鐵道兵加警戒部隊約千人。一九三八年二月十四日，一場敵眾我寡的血戰在這大橋爆發，最終日軍向北退卻，我軍含詹化球在內幾乎全部殉國。

一九四〇年三月廿七日，國民政府主席林森追晉他陸軍中校，牌位送南京英烈祠。郝柏村到大陸時，為殉國在黃河大鐵橋詹化球，揮筆題「英烈千秋」四個大字。詹化球的女兒詹若娟，正是鄔霄勇的母親，已於二〇一三年去世，享年83歲。

趙昌然：葛輝在〈耄耋老人的一封家書〉一文，提到「家父趙昌然、考入黃埔軍校16期」，但年代沒有清楚記述。趙老參加過宜昌會戰、上高會戰、遠征軍在緬甸的同古會戰。

後考入美國南卡羅來納州大學，學習飛機設計和製造。解放後，曾在南京航空學院、華東交通大學等院校，從事科學研究和教學四十多年。離休後，擔任過華東交通大學外經學院副院長、江西黃埔軍校同學會副會長、會長等職務。

# 第二章 貴州黃埔同學風采錄（二）

## 壹、《黃埔》雜誌二〇二〇年第六期文章主題

### 特別策劃：貴州百歲黃埔同學風采錄

楊震環，〈世紀跌宕人生、別樣黃埔風景：貴州百歲黃埔同學風采錄〉

高林，〈浴血金華保衛戰的百歲黃埔生：訪七分校軍官班三期同學蔣鵬志〉

夏紅艷，〈石牌戰役守「國門」、回鄉不褪黃埔色：訪二分校17期同學周萬政〉

高林、王世平，〈侗鄉悠悠黃埔情：訪五分校19期同學王士祥〉

華廷凱、夏陽，〈跨國受降的黃埔少校通訊官：訪五分校14期同學夏禹聲〉

高林，〈三次敵後虎口脫險的王牌軍特工：訪二分校18期同學王啟福〉

## 兩岸時評、軍事天地

陳福裕，〈海峽無中線、戰場在台灣〉

吳亞明，〈海峽兩岸二〇二〇年八—九月大事記〉

石稼，〈航空母艦編隊在現代戰爭中的運用〉（上）

林開倫，〈父子兩代接力服務黃埔軍校同學會〉

## 人物春秋與黃埔歷史

陳予歡，〈龍雲與黃埔軍校〉

李平華，〈百歲黃埔老兵黃海潮〉

錢賢鑫、孫亞男，〈孫仁山的家國情懷〉

陳淼，〈父親的三張照片〉

黃慧南，〈父親的抗戰〉

李學鋒，〈吹盡狂沙始到金：尋覓祖父李純玉抗戰足跡〉

楊大昆，〈黃埔機校受訓記〉

單補生整理，〈愛國青年千里投黃埔：黃埔19期汪宗漢（誠）辛卯自述〉

喬陽、蒲元，郭汝瑰和《中國抗日戰爭正面戰場作戰記》

鄭學富，〈83年前新聞媒體中的「八百壯士」〉

薛剛，〈黃埔抗戰老兵口述歷史的特質〉

賈曉明，〈一九二六年三月廿六日，蔣介石致函汪精衛，請其復職〉

二〇二〇年間，貴州黃埔同學會同仁們，採訪貴州百歲黃埔同學，如今（二〇二三年）都已百餘歲了，希望這十位（前章五位、本章五位），都健康快樂的活著。時間真快，一回首過了幾十年，一轉身百年也過了！

## 貳、採訪七分校軍官班三期同學蔣鵬志：浴血金華保衛戰

蔣鵬志，又名蔣光德（一九一七—）

原籍：貴州省貴陽市

黃埔七分校（西安王曲）軍官班三期

抗日戰場上經歷大小百餘戰

## 金華保衛戰中受重傷

蔣鵬志，一九一七年七月十七日，出生在貴州省山城貴陽。一九三四年，他從貴州省立一中畢業，因兄長蔣玉冰和陳鐵（黃埔一期、任85師師長、14軍軍長等）是故交。因此，他被陳鐵安排在85師特務連，並於三年後任特務連長，不久保送他到黃埔七分校軍官班學習。

一九四〇年蔣鵬志從軍校畢業，隨即參加山西中條山戰役，一九四二年他調入105 師 315 團任代理團長，同年夏參加浙江金華保衛戰受重傷，住院治療一年多。出院後調到32集團軍一團一縱隊任中校營長。

勝利後，他曾在蔣公中正行營任上校督導官、湖北第一縱隊上校團長等職。新中國成立後，他棄軍從商，做起了販鹽生意。一九八一年，織金縣政協成立，他先後擔任第一、二、三、四屆政協常委，織金縣黃埔同學會聯絡組組長等職。

蔣老晚年為促進祖國統一大業，做了很多兩岸交流工作。二〇二〇年接受黃埔同學會採訪時，高齡已一百零三歲了，採訪結束他總結說：「我將用我的餘生感恩共產黨，為祖國和平統一貢獻光熱。我雖年屆百歲，但精力充沛！我處在風燭殘年，但殘燭尚燃！我深知光熱甚微，但微熱未滅！我堅決在光熱未滅之前，為祖國統一大業貢獻餘光餘熱！」

感動啊！蔣老前輩，想想筆者今年也才七十初，在你面前是小小老弟，怎能不打起精神，努力筆耕，每年至少出版個五、六本書以上，為祖國統一大業出一點「文字戰力」。這才是黃埔人！這才叫發揚黃埔精神吧！

## 參、採訪二分校17期同學周萬政：石牌戰役守國門

周萬政，又名周文天（一九二一—）

原籍：貴州遵義

黃埔二分校（湖南武岡）17期步科

石牌戰役守國門

胡璉立軍令狀：成功雖無把握、成仁卻有決心

周萬政，一九二一年十月出生。一九三九年七月，在貴州遵義考入黃埔二分校

（在湖南武岡）17期步科。但因抗戰艱難，只能徒步走到湖南，由老師帶領考取的學生，從遵義開始行軍，每日發四角錢伙食費，白天趕路，晚上露宿荒野，經一個多月跋山涉水才走到湖南校區。

入學後他被編在第7總隊4中隊，一九四一年七月軍校畢業，分發到18軍18師54團3營機槍連。一九四二年，周萬政先後調任軍部軍務處見習參謀、軍直屬運輸連副連長等。一九四三年五月，鄂西會戰石牌戰役開打，他在軍部參謀任職，主要責任是作戰指令下達和作戰訊息收集，因此他對石牌保衛戰狀況很了解。

按周老採訪時說，三峽地區是最後的國門，石牌則是一道門栓，戰略位置重要，日軍要進攻重慶必先取石牌。當時我軍以江防石牌要塞為中心，以清江流域為戰場，誘敵至鄂西山嶺和峽谷中，一舉殲滅，這是一計好戰略。

18軍11師師長胡璉奉命堅守石牌要塞，他立下「成功雖無把握、成仁卻有決心」軍令狀，並給父母妻子分別留下遺書。一九四三年六月，日軍以水陸空三面猛攻石牌要塞，周老回憶，陣地前死屍如山，血流成河。因有79軍、66軍趕到增援，我軍取得全面勝利。

勝利後周老回鄉，新中國成立後曾在稅務局工作，一九八九年退休與老伴定居

貴陽。周老則積極參加當地黃埔同學會，整理並撰寫自己的抗戰文稿。同時為貴州省黃埔軍校同學會、遵義檔案局提供抗戰史料，

二〇一五年，貴州省黃埔同學會與貴州電視台，合拍《橫空出世：貴州抗戰記憶》第三集，周萬政作為抗戰老戰士代表出席開機儀式。在二〇二〇年接受採訪時已是百歲老人，他以投身黃埔是一生的光榮，時代會變遷，但黃埔永不褪色，如筆者亦是！

## 肆、採訪五分校19期同學王士祥：侗鄉悠悠黃埔情

王士祥，現名王正吉（一九二〇—）

原籍：貴州天柱

黃埔五分校（昆明）19期步科

侗族（吾國少數民族之一）

王士祥，一九二〇年農曆三月初三，出生在貴州天柱縣坌處鎮的侗族人家。（侗

族是吾國少數民族之一，總人口約二百多萬，約有半數分佈在廣州，其次在湖南、廣西、湖北、廣東也有。）

一九四二年初，貴陽防空學校營長楊漢劍（天柱人），回鄉招兵，王士祥決心報名當兵，他想到的是國家興亡匹夫有責。他在防空學校表現出色，受到營長的肯定，但當他學習越多，想法也在改變，如果只當一個小兵，頂多殺幾個小日本鬼子，如果能考軍校畢業，就可以帶領很多人殺死很多小日本鬼子。

在那個年代，所有中國人都想要殺小日本鬼子，王士祥的想法很正常。就是到了廿一世紀的今天，倭鬼始終不對中國說一聲「道歉」，對侵略、屠殺不認錯，仍有很多中國人詛咒他們列島快沉沒，亡國亡族亡種！筆者著書立說宣揚中國之天命，在本世紀內消滅倭族！

正當王士祥思索間，黃埔五分校來貴陽招生，他如願順利考入19期步科，圓了自己的夢想。軍校畢業後，得到上級器重，分發93軍軍部當參謀。抗戰勝利隨軍到越南參加日軍受降，感受到勝利的喜悅。

一九四八年，錦州戰役開打，王士祥不想打內戰了，更不要「中國人打中國人」。於是，他開了「小差」回貴州天柱老家過安靜的生活，後曾在銅仁汞礦工作直到退休，再回天柱老家養老，每日享受苗鄉侗寨的美麗風景。

二〇二〇年三月三日，被譽為「黃金高原」的苗鄉侗寨天柱縣，正式退出「國家級貧困縣」序列。四月，貴州黃埔同學會來訪，已是百歲的王老大哥帶領大家賞美景，他感慨說：「當年走出侗鄉，報國從軍，入讀黃埔五分校的經歷，一如苗鄉侗寨吹響的蘆笙，聲音跌宕起伏，曲調悠遠綿長。」

## 伍、採訪五分校14期同學夏禹聲：跨國受降的通訊官

夏禹聲（一九二〇—）

原籍：貴州湄潭

黃埔五分校（昆明）14期通信科

一生最光榮時刻：隨軍到越南接受倭國投降

永遠的告訴所有中國人：永遠警惕小日本鬼子

永遠當一個黃埔人

夏禹聲，一九二〇年農曆三月初二生。（夏禹聲的介紹，另見北京《黃埔》雜誌二〇一九年第四期）。一九三七年抗戰爆發，夏禹聲決心投筆從戎，報考黃埔軍校，他如願考入黃埔五分校（昆明）14期通信科，開啟他抗戰報國新旅程。

一九四〇年四月，他軍校畢業，先編入雲南交通大隊，不久調任無線電第五台台長，隨軍駐防雲南蒙自、金平、屏邊、建水一帶。一九四三年間，他曾為保護通信器材，右臂被日軍砲彈碎片所傷，至今疤痕仍清晰可見。

一九四四年底，他所在部隊改編成93軍22師，他任通訊連連長。

一九四五年八月十五日，小日本鬼子的妖鬼天皇終於宣布投降。在十六個受降區中，越北是唯一境外受降區，中國第一方面軍司令官盧漢是受降主官，負責接受越南十六度緯線以北的倭鬼軍投降，這也是夏老一生最感到光榮的一刻，但他也說：永遠警惕小日本鬼子。確實是，筆者也以為，狗改不了吃屎，倭鬼侵略成性不會變！

夏老所在的22師趕赴北越區接受小日本鬼子投降，他也順利完成通信裝備的接收。新中國成立後，夏老回家鄉，在中小學教英文，直到退休才回家養老，過著清淨又平淡的生活。

接受採訪之時已是百歲老翁，最後他說，「當時我們有一個口號，只要有一個日本侵略者在我們國土上，就要徹底把它消滅乾淨。」夏老表示，永遠要警惕小日本鬼子，永遠以黃埔人為榮。二〇一九年，他在家人陪同下，曾經重回昆明五分校舊址，那裡有他恆久不滅的記憶！

## 陸、採訪二分校18期同學王啓福：三次虎口脫險的特工

王啟福（一九二〇—）

原籍：貴州施秉

黃埔二分校（武岡）18期步科

曾參加：南昌會戰、常德會戰、長衡會戰

「鐵軍」之一員，三次虎口脫險

王啟福鎮遠師範學校畢業後，與同學相邀到湖南長沙考大學，因抗戰爆發，報考無門。正好74軍51師在長沙招兵，他想求學無門不如從軍報國，他便到招兵處報名，招兵官得知王啟福的英語和日語都好，知道人才來了，帶他去見師長王耀武，

他被安排在師部擔任機要秘書。

一九三九年，74軍51師奉命開赴江西參加南昌會戰，結束了會戰又開回湖南，王老接到新任務。因為他有英、日語特長，師部決定送他到第二情報班（因在西山，故也叫西山情報班）受訓，以備在南潯線一帶做情報工作。

當時日軍在南昌，有16、31和33共三個師團。王啟福情報班結訓後，主要任務是到南昌了解日軍動向，收集相關情報，這是危險性很高的工作，曾有三次虎口脫險。由於他的工作受到肯定，一九四〇年他被推薦入讀黃埔二分校（武岡）18期7總隊步科。

軍校畢業後，他回74軍，擔任軍部情報科少校。一九四三年十一月，日軍糾集7個師團約十萬兵攻常德，王老隨軍駐桃源縣，親歷著名的常德會戰，一九四四年他又參加了長衡會戰，持續到湘西戰場。

勝利後，王啟福先後調任25師40旅118團3營營長（駐山東膠東）、第4軍官醫療隊教官，後回遵義師管區司令部。新中國成立後，他回鄉當英語教師，直到退休。

退休又是新的開始，他投入抗戰史料的研究、整理和收集工作。由他主編的《世界反法西斯戰爭中國人民對日作戰紀實》大書，將流傳後世，警惕每一代的中國人，不可忘了倭鬼入侵，要小心日本鬼子這個邪惡物種。

接受採訪最後王老說：「我之所以編輯抗戰史料，就是希望年輕人銘記歷史，記住為抗戰犧牲和付出的先烈們，共同努力把中國建設得更加強大，讓人民生活更加幸福，真正實現中華民族的偉大復興！」

陸軍官校（黃埔軍校），不論本校或分校，同學會都有強大的凝聚力，從黃埔一期到筆者（44期）皆如是，往後亦如是。但說到了黃埔人的第二代子女仍有凝聚力，仍無怨無悔願意為父輩的黃埔同學會付出貢獻，則是極稀有了，至少在台灣是沒有了。

台灣地區的黃埔同學會，在二十八期以前已未見活動，二十九到三十幾期活動也不多，四十幾期以後活動力仍旺盛。但說第二代子女願意投入父輩的黃埔同學會，並做出貢獻，則是沒有的事，這當然和台獨偽政權的妖女魔男幾十年來溫水煮青蛙洗腦有關。叫人安慰、激動、敬服的是，在我的祖籍四川就有了典範，父子兩代為黃埔軍校同學會服務，深值廣為宣揚。

## 柒、韓瀾到韓泉源：父子兩代接力服務黃埔軍校同學會

在林開倫〈父子兩代接力服務黃埔軍校同學會〉一文，提到涼山州和西昌兩個地名，成長在台灣的人大多不清楚。我國四川省涼山彝族自治州，簡稱涼山州，位在四川西南部，面積六萬餘平方公里，人口約四百多萬，西昌市是涼山州首府。西昌素有「月城」雅名，西昌衛星發射中心所在地，是一個航天城市。

林開倫這篇文章，介紹了韓瀾、韓泉源父子兩代，接力服務黃埔軍校同學會，這是稀有的典範。因此，深值「轉播」再宣揚，這是目前世上各黃埔同學會的亮點。

開宗明義的場景，有如一場電影的起頭。「在涼山州黃埔軍校同學會辦公室內，有一個70多歲的老人，他每天堅持半天坐班處理同學會日常事務……他就是黃埔高教班7期畢業生，曾任西康省西昌靖邊部新兵教導大隊大隊長韓瀾之長子韓泉源。而在韓泉源未接手涼山州黃埔軍校同學會辦公室工作之前，坐班處理涼山同學會日常事務正是韓泉源的父親韓瀾。」

四川省黃埔軍校同學會西昌聯絡組（簡稱西昌組）成立於一九八九年三月，涼山州黃埔軍校同學會（簡稱涼山會）成立於一九九二年。西昌組成立之初，有會員

一百零九人。即已成立就有相處活動，初期事情也很多。

時西昌組組長饒緒鎮（黃埔18期）忙於生計，沒有時間在辦公室處理日常事務。但繁雜瑣事都要有人對應、處理，工作就落在聯絡組理事兼秘書長韓瀾身上，他不僅無怨無悔的當了全職志工，還進一步擴大了「營業」。

韓瀾，黃埔軍校高教班7期畢業，曾任西昌靖邊部教導大隊長，解放後在印刷廠工作，退休後靠著不多的退休金生活。他認為能為同學會做點事是快樂的，他每天坐班處理事務、接待來訪等，進而在辦公樓外街口，辦起讀報欄，每日張貼《團結報》、《四川日報》、《涼山日報》、《晚霞報》、《參考消息》。

某日，《涼山日報》副刊，刊登同鄉抗日英雄華品章（黃埔5期砲科、原88師262旅上校副旅長兼補充團團長），在南京保衛戰的成仁英雄事跡。韓瀾用五張大紅紙，全文抄錄張貼。後積極參與華品章紀念碑修建和研討會事宜，紀念碑在西昌瀘山風景區。

二〇〇二年，高齡已八十五歲的韓瀾，難以再支撐工作，辦公室工作由當時七十歲的胡心清（黃埔21期）接任。兩年後他因心臟病，無法勝任同學會日常工作，此時會員都已高齡，只有從會員的第二代找人。

經徵求意見，會員韓瀾之長子韓泉源能擔此重任。他高中畢業，退休前是涼山錫冶煉廠辦公室主任，有辦公室經驗，人品又好。他在二〇〇五年正式接任涼山黃埔同學會辦公室的日常工作，秉承父親的黃埔精神，為黃埔長輩們服務，至今（二〇二〇年）已十六年了。

## 捌、參加學生軍的黃海潮領唱〈游擊隊歌〉、〈黃河頌〉等

黃海潮（一九二〇年—）
原籍：廣西桂林
黃埔四分校（貴州獨山）18期步科
參加學生軍領唱〈游擊隊歌〉、〈黃河頌〉等
常德保衛戰最後倖存者
參加：崑崙關戰役、常德保衛戰、獨山戰役

黃海潮，一九二〇年農曆九月十二日，生於廣西桂林全州縣。一九三八年冬，日軍四次大轟炸桂林，中學生組成學生軍到處唱軍歌鼓舞軍民士氣，黃海潮參加學生軍，以下三首他們唱遍大街小巷和各縣市：

# 黃　河　頌

1 = C4/4

光未然詞
冼星海曲

（頗慢，帶悲壯纏綿的情緒）

0 0 0 ♭1̲2̲ | 3·5̲3̲2̲·1̲ | 6 − − 0 | 6̲5̲3̲ 2̲1̲3̲ |
（男聲獨唱）我　站 在 高 山 之 巔，　　望黃河 滾

2 − − − | ³/₄ 3̲5̲3̲5̲3̲ | 1 − − | 3 5 6̲5̲ 6 |
滾，　　奔向 東　南，　驚濤澎

1̲ − − | 1̲ − − | 2·1̲6̲5̲ | 3̲5̲3̲2 − | 1 2·3̲ |
湃，　　　掀起萬丈 狂 瀾，濁流

5 − 3̲5̲ | 6̲1̲ − 5 | 6 5̲ 3̲5̲3̲ | 2 − 1 | 2·3̲ 5̲6̲ |
婉　　轉，結 成九 曲連 環從 崑崙山

3 − − | 5·6̲ 3̲5̲6̲ 1̲ | 5 − 1 | 2̲3̲5̲6̲ 3̲5̲ | 5 − 5̲6̲ |
下　　奔向黃 海之邊，把中原大　地　　劈成

1̲ 6̲5̲·6̲ 2̲−7̲6̲ | 5 − − | 5 − − ( 1̲2̲3̲5̲ 1̲6̲ 1̲ |
南 北 兩　　面。

5 − 1̲2̲ | 3̲5̲ 1̲6̲ 1̲6̲ | 5 − − ) | ²/₄ 1̲1̲ − 6̲1̲ 6̲ 5̲ |
　　　　　　　　　　　　啊！ 黃 河

3̲5̲ | 6̲1̲ 6̲1̲6̲ | 6̲5̲ | 5̲1̲2̲ | 3·5̲3̲2̲ | 1̲2̲ 1̲ 6̲ |
你是 我們民族 的 搖籃，五千年的古 國 文　　　化，

6̲3̲ 2̲1̲2̲ | 5 6̲1̲ 1̲·1̲ | 2̲2̲6̲ 5̲6̲ 6·3̲ 2̲·3̲ 5̲ 6 |
從你 這兒 發源，多少 英雄的故 事在你的 周　圍

1̲2̲6̲1̲ | 2 − 2̲ − | ²3̲2̲3̲1̲2̲ 6 − 6 2̲ 3̲ |
扮　　演。　啊！ 黃　河　　你 是

1̲ 1̲2̲ 6̲ | 0 5̲3̲ 5̲ | 1̲2̲1̲ 6̲1̲ | 5 − | 6̲6̲5̲ | 1̲2̲6̲ 1̲6̲ |
偉 大 堅強，　像一個 巨　人，出現在 亞洲莽原之

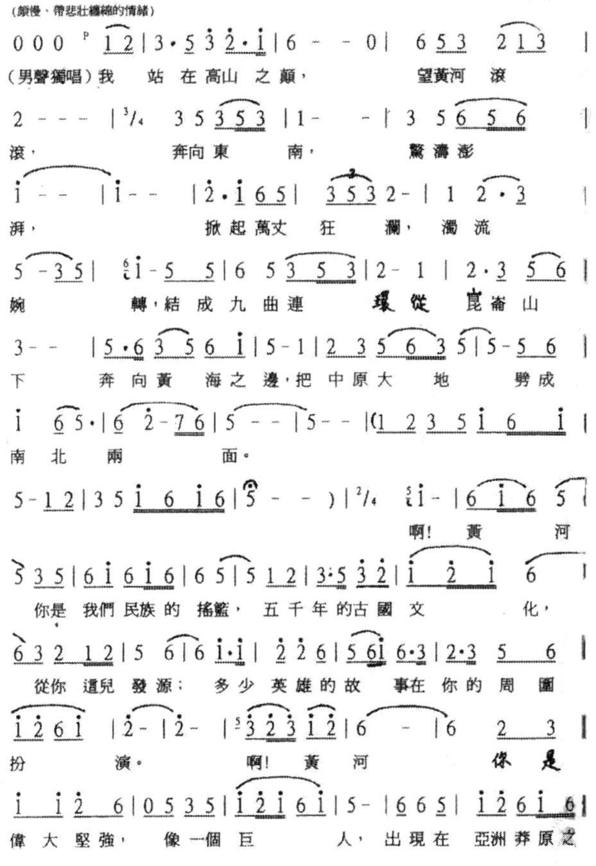

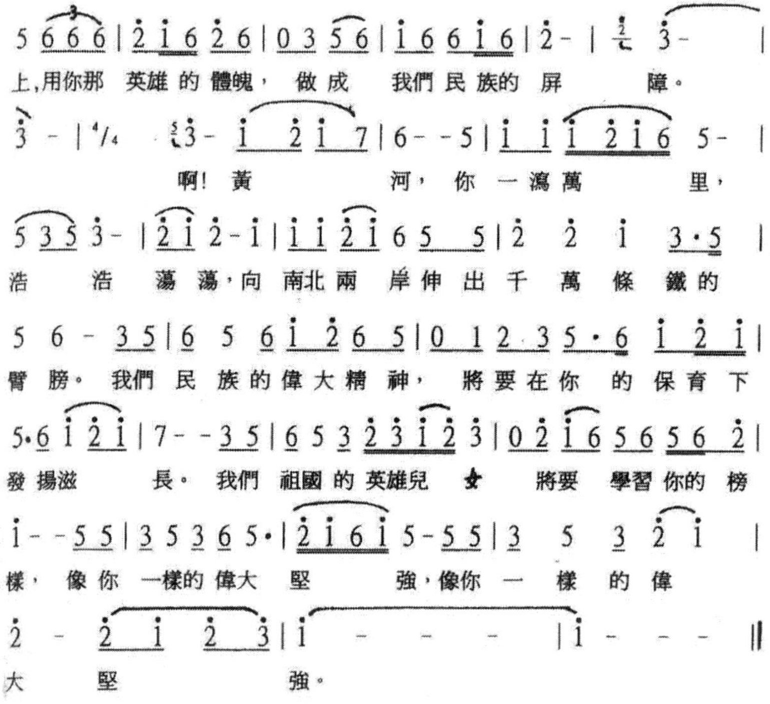
上,用你那 英雄的體魄，做成 我們民族的屏 障。
啊！黃 河，你一瀉萬 里，
浩 浩 蕩蕩，向 南北兩 岸伸出千 萬 條 鐵的
臂 膀。我們 民 族的偉大精 神，將要在你 的保育下
發揚滋 長。我們 祖國的英雄兒女 將要 學習你的榜
樣，像你 一樣的偉大 堅 強，像你 一 樣 的偉
大 堅 強。

# 凱旋歌

D調 2/4

砲聲隆隆，同志們齊奮勇，抖擻精神
勇敢前進，拚命作鬥爭！進兮！進兮！抗日軍隊
銳氣貫長虹，不收失地，不滅日賊，寧死目不瞑。

(二)槍聲堂堂，個個精神壯，
衝破敵人，殺退敵人，
魂飛膽又喪，
進兮！進兮！
長驅直入，進搗陽山旁，
不擒傀儡，不奪輜重，
誓不轉回鄉。

(三)號聲嗚嗚，好似催陣鼓，
風雲色變，殺氣衝霄，
戰士如猛虎，
進兮！進兮！
手提敵頭，征衣血模糊，
白山黑水，我做主人
萬歲齊高呼。

(四)金聲揚揚，保勝收戰場，
凱旋凱旋唱歌，跳舞紅旗，
亂飛揚，
進兮！進兮！
民眾慶祝，歡迎救國忙，
羊羔美酒，紀念吾輩，
民眾慶解放。

# 游擊隊歌

(混聲合唱)

1=G 4/4
進行速度

賀綠汀詞曲

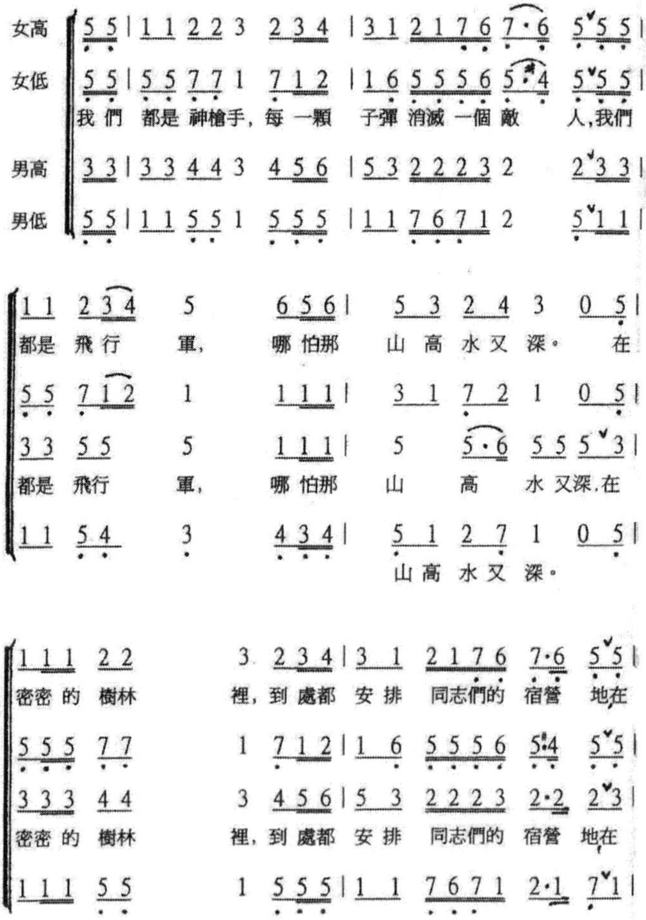
女高
女低
我們都是神槍手，每一顆子彈消滅一個敵人，我們
男高
男低
都是飛行軍，哪怕那山高水又深。在
都是飛行軍，哪怕那山高水又深，在
山高水又深。
密密的樹林裡，到處都安排同志們的宿營地在
密密的樹林裡，到處都安排同志們的宿營地在

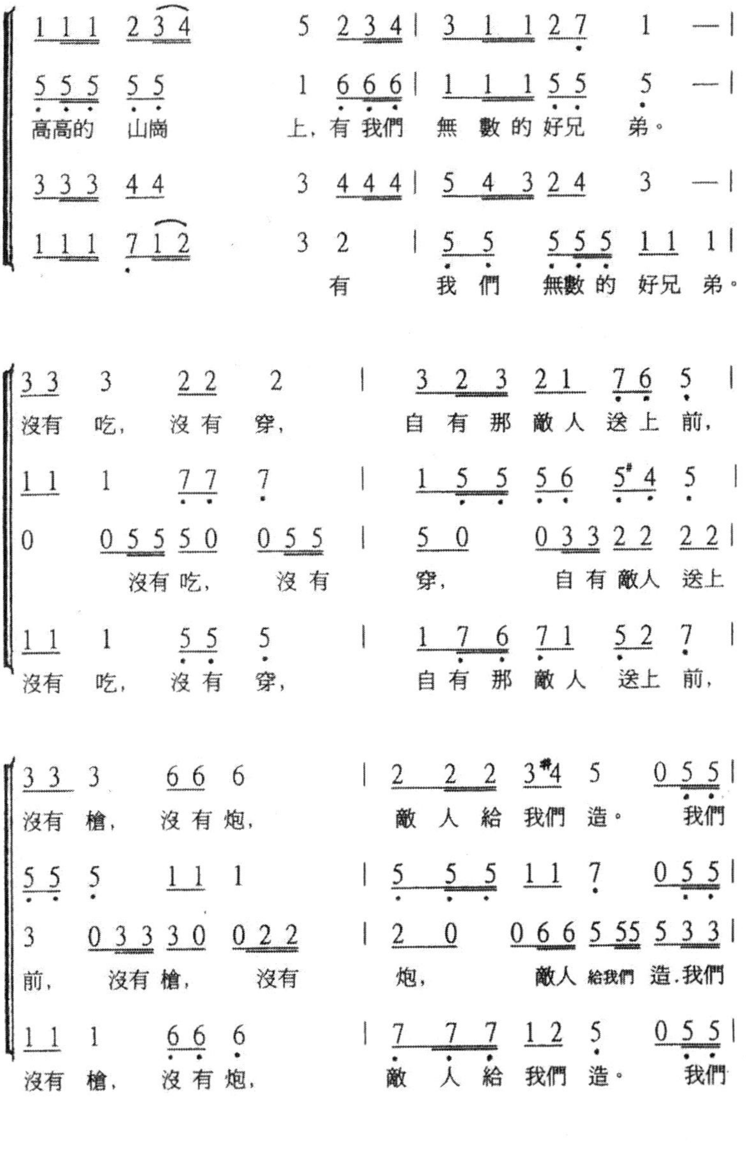
高高的 山崗 上，有我們 無 數 的 好兄 弟。
有 我 們 無數 的 好兄 弟。
沒有 吃， 沒 有 穿， 自 有 那 敵 人 送 上 前，
沒有 吃， 沒 有 穿， 自 有 敵人 送上
沒有 吃， 沒 有 穿， 自 有 那 敵 人 送上 前，
沒有 槍， 沒 有 炮， 敵 人 給 我們 造。 我們
前， 沒有 槍， 沒有 炮， 敵人 給我們 造. 我們
沒有 槍， 沒 有 炮， 敵 人 給 我們 造。 我們

```
1 1  2 2    3    2 3 4 | 3  1  2  1 7 6 7·6  5 5 5 |
生長 在這   裡， 每一寸  土 地 都 是 我 們自己 的,無論

5 5  7 7    1    7 1 2 | 1  6  5 5 5 6 5·4  5 5 5 |

3 3  4 4    3    4 5 6 | 5  3  2  2 2 3 2·2  2 3 3 |
生長 在這   裡， 每一寸  土 地 都 是 我 們自己 的,無論

1 1  5 5    1    5 5 5 | 1  1  7  6 7 1 2·1  7 1 1 |
生長 在這   裡， 每一寸

1 1  2 3 4    5    2 3 4 | 3  1    2 7    1  ·  0 ‖
誰要 強佔   去， 我 們就  和 他 拼 到 底!

5 5  7 7    1    6 6 6 | 1  6    5 5    5  ·  0 ‖

3 3  4 4    3    4 4 4 | 5  4 3  2 4    3  ·  0 ‖

1 1  7 1 2    3    2 2 2 | 5  5    5 5    1  ·  0 ‖
```

中學畢業後，黃海潮一心要參軍，好殺幾個小日本鬼子。他加入了第46軍175師野戰補充三營，在第七連當政治指導員，不久就直接參加了崑崙關戰役。（一九三九年十二月十八日到一九四〇年元月十一日，中日在廣西崑崙關發生的一場大型山地作戰。）

一九四一年，他進入黃埔四分校（貴州獨山）18期步科學習，後又被送到貴陽龍里輜重學校研習輜重科，於一九四三年畢業，分發到湖南桃源的74軍。這一年他奉父命回鄉結婚，婚後不久又回74軍57師任輜重營排長。

一九四三年底他參加常德保衛戰，因常德失守，部隊失散，他回全州見妻一面，又去了另一個部隊，他一心想著參軍殺敵。一九四四年他在桂林，也有一段死裡逃生的經驗。勝利後，他去了46軍19師輜重營第2連擔任上尉連長。

## 玖、孫仁山的家國情懷：深刻痛記日寇殘暴侵略殺害

孫仁山（一九〇八—一九九七）

原籍：浙江富陽

黃埔七分校（西安王曲）教官、軍法處長
臨終言：勿忘小日本鬼子在中國的大屠殺

孫仁山，上海法學院法律科畢業。曾任第七戰區少校軍法官、黃埔七分校上校教官、第一和第八戰區軍法處少將處長，同時兼任七分校少將軍法處長。一九四六年十一月，受王勁哉（楊虎城舊屬）脫逃案牽連卸甲，新中國成立後曾任富陽縣政協一、二、三屆委員會委員。一九九七年十一月，在殷切期盼兩岸早日統一中與世長辭，他一生最痛恨日寇，不斷告訴國人，勿忘小日本鬼子對我同胞的殘暴屠殺。

孫仁山的同僚、曾任黃埔七分校訓育主任也是著名詩人魏予珍，在八十高齡時曾為孫仁山賦詩一首，情真意切之間，亦意涵不少當世不傳之秘辛：

全憑祖國支千鈞，未向濠梁乞半鍾。
海宴河清欣有日，好留老眼看飛紅。

孫仁山大概有些日記和寫作的習慣，在北京《黃埔》雜誌社同仁（錢賢鑫、孫亞男）整理他的日記和書籍時，有許多地方備註了相同文字，顯然有意要不斷提醒後世炎黃子民，永遠都不可以忘記的大事：

中國人民永遠不能忘記
一九三一年，九一八東三省
一九三二年，一二八上海閘北
一九三七年，七七蘆溝橋
一九三七年，八一三上海
親列參戰，陸軍第一師
必要深刻痛記日寇對我國的
殘暴、侵略、殺害
同胞的深刻仇恨！

孫仁山用力透紙背的文字，是要告訴每一代的中國人，要銘記歷史，千萬要小心這個惡鄰居小日本鬼子。這是筆者在十多本著作中，也是在警示的事，最好倭人列島瞬間就全部沈入太平洋底（遲早），亞洲便永久太平了，女人們也永久放心了，不會被抓去當慰安婦。

## 拾、陳德法、李純玉、楊大昆、汪宗漢

**陳德法（一九〇一—一九七五）**：出生於浙江諸暨。一九二四年考入黃埔一期步科，後參加東征、北伐，歷任第20師、80師團長、蔣公侍從主任等，一九三七年參加淞滬會戰後，升任一九四師師長駐守鎮海要塞。

一九四〇年七月，日寇猛攻鎮海要塞，陳德法率軍死戰，日軍慘敗，史稱「七一七鎮海戰役」，是抗日戰爭的第一次勝利。新中國成立後，他先後任職第9軍副軍長、22兵團副參謀長、新疆生產建設兵團副參謀長兼生產辦公室主任。

**李純玉（一九〇六—一九四〇）**：出生於湖南省嘉禾縣玉洞村。一九二八年四月考入黃埔六期第一總隊步科，一九二九年五月畢業，分發46師見習官，後任湖北保安團上尉連長。一九三五年回黃埔軍校，任少校教育隊長，一九三八年湖北保安

團改組成一九七師，李純玉回到該師，六月全師奉命參加武漢會戰。一九三八年後，一九七師奉命在鄂南開展抗日游擊，同時進行抗日青年組訓工作。一九四〇年二月，李純玉在湖北大冶縣金牛鎮陣亡，國民政府追認他為抗戰烈士。一九七五年三月，其靈位入祀台北國民革命軍忠烈祠武烈士祠。

楊大昆（一九二四—）：〈黃埔機校受訓記〉一文，是楊大昆自述，按他說「一九三七年蘆溝橋事變時我十三歲」。推算他出生於一九二四年，到二〇二〇年文章刊出時為九十六歲，若健在至今（二〇二三年）可叫百歲，按他的文章簡介如下。

機校是陸軍機械化學校的簡稱，畢業生發黃埔軍校裝甲兵科證書，故稱黃埔機校。一九四二年七月，他考入陸軍機械化學校（在湖南洪江），一九四四年八月畢業，為黃埔19期裝甲科，他留校任21期入伍生教育班長。勝利後他調到裝砲團二營，以後的事他沒有交待。

**汪宗漢，又名汪誠（一九二三—）：**〈愛國青年千里投黃埔〉一文，是汪老的自述，由單補生整理成文，到今年（二〇二三年），汪老應是百歲了，也按其文章簡介如後。

汪宗漢，滿族旗人，一九二三年出生在北京東城四眼井胡同九號。中學畢業後，經歷一段逃離日寇追殺的險境生活，一九四三年四月，考入黃埔19期通信科，一九四五年七月二日，在河西畢業。分發到通信兵團獨立第九營，地點在貴陽市清鎮。

一九四九年隨軍起義，他任通縣教導師班長，後派到北京公安幹部學校受訓，並參加了十月一日的開國大典，深深感受到「中國人民站起來了」！

# 第三章　尋找飄蕩的忠魂（上）

## 壹、《黃埔》雜誌二〇二一年第一期文章主題

### 特別策劃：抗疫中的黃埔人

〈丹心從來繫家國：北京市黃埔軍校同學會抗疫記〉
〈鐵肩擔道義、戰疫鑄忠誠：天津市黃埔軍校同學會抗疫記〉
〈黃埔後代抗疫譜新篇：河北省黃埔軍校同學會黃埔後代抗疫記〉
〈團結一致、共克時艱：山西省黃埔軍校同學會抗疫記〉
〈家國同心、再展黃埔風采：吉林省黃埔軍校同學會抗疫記〉
〈黃埔一心、其利斷金：黑龍江省黃埔軍校同學會抗疫記〉
〈不負青春、戰「疫」有我：上海市黃埔軍校同學會機關青年黨員、黃埔

後代抗疫記〉

〈願人類安好、山河無恙：安徽省黃埔軍校同學會抗疫記〉

〈發揚黃埔精神、守望共相助：江西省黃埔軍校同學會抗疫記〉

## 兩岸時評、軍事天地、情繫黃埔

彭韜，〈拉清單讓「台獨」頑固分子無處遁形〉

吳亞明，〈海峽兩岸大事記二〇二〇年十—十一月〉

石稼，〈航空母艦編隊在現代戰爭中的運用〉

杜恒，〈見證歷史，再續先輩前緣〉

陳永新，〈尋找飄蕩的忠魂〉（上）

## 人物春秋與黃埔歷史研究

陳宇，〈帥才驍將黃公略〉（上）

渠敬陶，〈他見證了南京受降儀式：記百歲黃埔老人趙振英〉

周勇，〈父親的二三事〉

韋達，〈親見八百壯士孤軍奮守上海四行倉庫〉

范鴻志，〈排彈記〉

郁長軍、姜夢飛，〈中國陸軍工兵學校概述：一九三二年八月南京建校至一九四九年十二月重慶起義〉

單補生，〈我珍藏的《國防醫學院畢業同學錄》〉

賈曉明，〈一九二六年三月三十日，國民政府以譚延闓代汪精衛主席職〉

陳永新的〈尋找飄蕩的忠魂〉（上）一文，他的動機很叫人感動、敬佩。他提到七十多年前那場全民抗日戰爭，光是現役將士就犧牲了三百六十五萬人，才使中華民族與亡國滅族擦肩而過。七十多年來，定有飄蕩的忠魂，注視著自己浴血奮戰的土地，並保佑著我們。

多年來，陳永新一直想去幾個抗戰最慘烈的主戰場，憑吊忠魂，祭拜英烈。這個計劃在一九九九年終於執行完成，他一行六人自駕，歷時十四天，行程八千公里，帶足紙錢、香燭和茅台制遠征軍紀念酒，憑吊六處當年抗日血戰地。我在本章和下章，也分別簡介（轉述）。

## 貳、憑吊忠魂、祭拜英烈：石牌保衛戰

石牌保衛戰

時間：一九四三年五至六月間

地點：湖北宜昌附近石牌古鎮

日軍兵力：六個師團之全部或一部，約十萬人

國軍兵力：第六戰區六個軍、十集團軍一部，共約十五萬人

結果：日軍慘敗，從此無力進攻重慶

一九四三年五月，日軍攻陷宜昌，二十五日渡過清河逼近石牌要塞。有鑒於石牌拱衛重慶的重要性，蔣公手令「石牌要塞應指令一師死守」，這一師便是第18軍第11師，師長正是胡璉將軍。

胡璉深知他所鎮守的石牌要塞，是戰略核心中的核心，如果失守，日軍便可直上進攻重慶。面對雙方武器裝備的懸殊，凶多吉少的血戰，胡璉匆匆給父親和妻子寫下兩封訣別書，其內容正代表當時所有中國軍人的氣節，抄錄如下：

父親大人：兒今奉令擔任石牌要塞防守，孤軍奮鬥，前途莫測，然成功成仁之外，並無他途，而成仁之公算較多……有子能死國，大人情亦足慰。惟兒於役國事已幾十年，菽水之歡，久虧此職，今茲殊戚戚也。懇大人依時加衣強飯，即所以超拔頑兒靈魂也。敬叩金安！

瑜：我今奉命擔任石牌要塞守備，原屬本分，故我毫無牽掛，僅親老家貧，妻少子幼，鄉關萬里，孤寡無依，稍感戚戚，然亦無可奈何，只好付之命運。諸子長大成人，仍以當軍人為父報仇，為國盡忠為宜。戰爭勝利後，留贛抑回陝自擇之。家中能節儉，當可溫飽，窮而樂古有明訓，你當能體念及之。十餘年戎馬生涯，負你之處良多，今當訣別，感念至深。茲留金錶一只，自來水筆一支，日記本一冊，聊作紀念。接讀此信，亦悲亦勿痛，人生百年，終有一死，死得其所，正宜歡樂。匆匆謹祝珍重。

陳永新一行六人自駕，一九九九年五月六日，他們日行一千公里，清晨從浙江諸暨出發，晚上到了湖北宜昌石牌。他們沿著山路，找到當年最後白刃戰的山頭，這個山頭躺著二千多具日軍屍體，國軍也有一千五百多名軍士倒在這裡，當時血染紅了整個山頭。

山頭上有個「浴血池」。當年戰爭結束時，官兵和百姓用石頭砌成長方形池子，從長江挑來一擔擔水，將烈士擦洗乾淨再就地掩埋。六人就在浴血池旁燒香祭拜，浴血池旁他們看到紀念設施已在興建，銘牌上寫者全國第一批抗戰遺址，時間是二〇一五年八月廿四日，落款是中華人民共和國，國家不會忘記抗日烈士們！

## 參、憑吊忠魂、祭拜英烈：常德會戰

常德會戰

時間：一九四三年十一月到一九四四年元月

地點：湖南常德及近郊

日軍兵力：五個師團約八萬人，飛機一百三十餘架

國軍兵力：四十三個師，約二十萬人

## 結果：日軍撤退，保住常德，國軍慘勝

電影《喋血孤城》，演的就是常德會戰，說國軍「慘勝」，因日軍傷亡四萬多人，戰死三名聯隊長。而國軍也傷亡五萬多人，三名師長陣亡，至少是頂住了日軍攻勢，保住常德戰略要地。

會戰過程中，以74軍57師余程萬師長所率八千官兵（史稱八千虎賁之師），戰況最慘烈，打到最後全師幾全陣亡，剩二百人仍拼死抵抗不退。師長余程萬發出最後一封電報：「彈盡、援絕、人無、城已破，職率副師長、政治部主任、參謀部主任死守中央銀行，各團長劃分區域，扼守一屋，作最後抵抗，誓死為止。並祝勝利，74軍萬歲。」

什麼叫氣壯山河？什麼叫慷慨赴死？這就是！

據稱，戰區長官孫連仲將軍接此電報，當場淚如雨下。這份電報原件，現在保存在台灣的軍史館內。

陳永新一行六人，來到常德後，因常年戰場遺跡已難以找尋。他們直奔會戰結束後，74軍軍長王耀武主持建造的烈士公墓，其正面有一座高大的三門紀念牌坊，

正門上方王耀武題「常德會戰陣亡將士紀念坊」，正中是蔣公題「天地正氣」，左側陳誠題「碧血丹心」，右側白崇禧題「旗常炳耀」。

他們一行六人，在烈士公墓燒香、燃燭，並將好酒敬忠魂。這是一件感動人心、感動天地的事。陳永新是何許人？我好奇問「百度」，男，漢族，浙江諸暨「遠征大酒店」負責人、諸暨市振遠文化傳播有限公司法人、文章《尋找飄蕩的忠魂》作者，同名抗戰紀錄片製片人，大公報大公網特約撰稿人。啊！陳永新，以你為榮，我在海峽此岸向你敬禮！你的事蹟記入我的歷史，以及中華民族的歷史！

## 肆、憑吊忠魂、祭拜英烈：衡陽保衛戰

衡陽保衛戰

時間：一九四四年六月廿二日到八月八日

地點：湖南省衡陽市

日軍兵力：約十一萬人

國軍兵力：第十軍，約一萬七千多人

## 結果：衡陽陷落

一九四四年六月十八日，湖南省會長沙陷落，日寇十多萬大軍直指衡陽。一場由軍民合作的衡陽保衛戰開打。此役，慘烈無比，守軍之英勇，壯烈成仁，超越了人類記憶之經驗，毛澤東和蔣中正也同聲禮頌！

防守衡陽只有方先覺的第十軍，且編制不完善，總兵力一萬八千人，可用於作戰約一萬五千人，面對十多萬日軍，死守48天，幾至全軍陣亡，也使日軍傷亡兩萬多人。在孤立無援中，彈盡援絕，衡陽城陷落倭寇之手。

一九四四年八月七日，衡陽城破前，方先覺與師長聯名，向統帥部發出最後一封電報：「敵人今晨於北門突入以後，再無兵可資堵擊，職等誓以一死報黨國，勉盡軍人天職，絕不負鈞座平生作育之至意。此電恐為最後一電，來生再見！」

衡陽陷落，一九四四年八月十二日，毛澤東為《解放日報》寫社論說：「堅守衡陽的守軍是英勇的，衡陽人民付出了重大犧牲。」後蔣公在為衡陽抗戰紀念時也說：「抗戰八年，大戰百餘回，小戰不可勝記，唯衡陽之役，支持之久，犧牲之烈，與夫關係之鉅，貢獻之弘，尤足以驚動全世界。」

陳永新一行六人，走進衡陽抗戰紀念館，雖年代久遠，耳邊似乎仍回蕩著死守衡陽官兵的拼死吶喊。走在半山腰上，一座舊牌坊，兩側一副長特別叫人心動，有如當年情景現於眼前：

雪百年恥辱復萬里河山秦漢無此雄宋明無此壯

集三楚文章吊九原將士風雨為之泣草木為之悲

橫批：抗戰

走出紀念館，一行六人，他們直奔五岳獨秀的南岳衡山，他們不是來賞景，是來南岳忠烈祠祭拜忠魂。忠烈祠於一九四〇年九月動工興建，一九四三年六月竣工，大殿中供奉「抗日陣亡將士總神位」。他們在此滿懷敬意叩拜，點香、燒了紙錢，之後他們奔赴下一站（看下章），千里拜忠魂，這是中華民族之民族精神體現啊！

寫到這裡，這六位年輕世代的有心人，不知另五位高姓大名。在《黃埔》雜誌二〇二一年第一期的58頁，有一張六人合照，看似四十到五十以下的年輕世代。你們為現在海內外十五億中國人，做了一件極有意義的事！

## 伍、他見證了南京受降儀式：現場警衛營營長趙振英

趙振英（一九一七—）
原籍：北京
黃埔軍校14期
南京受降典禮時
任新6軍14師40團第一營營長
為受降典禮現場（陸軍官校大禮堂）警戒負責人

趙振英，一九一七年八月出生在北京。這位黃埔14期的老大哥，一九四五年九月九日倭國投降儀式，在南京黃埔軍校大禮堂舉行時，他正任營長，負責典禮現場警戒任務，不僅親見受降，更親眼看著小日本鬼子低下頭呈交降書。半個多世紀來，趙老過著平靜的生活，從未提過去，兒孫也不知道。

直到二〇〇八年，趙老的故事才終於見了光，為外界所知。後來趙老開了一個微博，名字就叫「趙振英」，他經由微博記下所能想起的過往。渠敬陶〈他見證了

南京受降儀式〉一文，循著趙老發的微博訊息整理成文，本章簡介其重點。

趙振英在高中時，就參加了黃杰部隊組織的軍訓，他認識了黃杰，與一批流亡學生去投靠黃杰，都被黃杰送到位於江西星子縣的黃埔軍校特訓班，成了黃埔14期步科生。一九三九年春，在四川豐都畢業，分發到54軍。之後，先後參加了南昌會戰、長沙和粵北戰役。

一九四四年四月，趙老所在的14師和54軍的50師，被編入駐印軍序列，與新編第一軍22師合組編成第6軍，踏上入印遠征。時年27歲的趙振英，是少校營長，他的部隊一直擔任預備隊，在印度期間沒有直接參戰。

一九四五年八月十五日，倭國投降，高層選派新6軍到南京作為受降部隊。趙老時任新6軍14師40團第一營營長，該營負責受降典禮現場警戒，這是趙老一生最光榮的任務。那一刻是什麼感覺呢？只能說「爽」啊！小日本鬼子終於倒下了！

一九四五年九月九日受降典禮，在南京黃埔軍校大禮堂。中國受降代表主要有何應欽、顧祝同、肖毅肅、張廷孟、陳紹寬，倭國投降代表有七位，以總參謀長小林淺三郎為首。現場各角落，趙營長都安排了帶槍的士兵，營長自己也帶著手槍，注視著小林淺三郎向何應欽呈交降書。這一刻，相信所有中國人內心都是激動的。

抗戰勝利後，他不想打內戰了，他準備考大學，他報考五所大學全都錄取，他選讀南京大學工學院機械科，畢業後在國營事業工作到退休。後來深圳市越眾文化傳播公司，以趙老故事拍一部紀錄片《發現少校》，趙老見證南京受降典禮，才廣為人知。

二〇一四年七月七日，習近平出席全民族抗戰爆發77周年紀念，在中國人民抗日戰爭紀念館接見了趙振英等一批抗戰老兵。《黃埔》二〇二一年第一期發刊時，他已高齡一百零三歲，願他快樂，不論在哪個世界！

## 陸、八歲韋達親見八百壯士守四行倉庫〈歌八百壯士〉

韋達（一九二九—二〇二〇）

原籍：遼寧開源

黃埔軍校20期工兵科

八歲時父親帶著他去聲援八百壯士

八百壯士孤軍奮守上海四行倉庫的故事，普遍在我們中國社會流傳，相關研究、記錄，乃至拍成電影，激勵了很多中國人。可以說，凡是中國人都有相當程度的了解，所以對於八百壯士的歷史背景，本章就不再重述。

韋達，他小時候住在上海法租界霞飛路（後改淮海路）霞飛坊，離蘇州河南岸有一段距離。但他父親用自行車馱著他，不顧小日本鬼子的流彈危險，去聲援八百壯士，這是韋達八歲的時候親身經歷所見。他幼小的心靈激起抗日救國的熱情，更使他十五歲時就投身黃埔軍校。

八歲的韋達和父親，連續四天去聲援八百壯士，他記得很清楚，在一九三七年十月廿八日這一天，在蘇州河南岸的馬路邊，一個二十多歲戴眼鏡的年輕人，坐在馬路牙子上奮筆疾書，口中不時哼唱，周圍許多人圍觀。原來他在寫歌作曲。

很快就聽說，他是上海某中學的音樂老師，是東北大學流亡到上海的學生，他身後還有幾個學生。他寫好一頁，便交給學生去刻板、油印，兩小時就完成，然後他站在一個高處，一句一句的帶領群眾唱他新作的歌。八歲的韋達和他父親，也和群眾一起高唱，這首歌就是很快唱遍全中國的〈歌八百壯士〉：

## 歌八百壯士

中國不會亡
中國不會亡
你看那民族英雄謝團長
中國不會亡
中國不會亡
你看那八百壯士孤軍奮守東戰場

四方都是砲火
四方都是豺狼
寧願死不退讓
寧願死不投降
我們的國旗在重圍中飄蕩
飄蕩

八百壯士一條心
四方強敵不敢擋
我們的行動偉烈

我們的氣節豪壯
同胞們起來
同胞們起來
快快趕上戰場
把八百壯士當榜樣

中國不會亡
中國不會亡
中國不會亡
中國不會亡
不會亡、不會亡、不會亡！

〈歌八百壯士〉又名〈中國不會亡〉，另有版本名〈中國一定強〉，桂濤聲作詞，夏之秋作曲。桂濤聲（一九〇一—一九八二），原名桂獨生，出生在雲南省沾益縣，回族，是中國現代音樂家、教育家、詩人。

夏之秋（一九一二—一九九三），原名夏漢興，湖北孝感市人，音樂教育家，中央音樂學院管絃系教授,他的兩首傑作是〈最後勝利是我們的〉和〈歌八百壯士〉。

本章僅錄〈歌八百壯士〉如下：

# 歌八百壯士

1 = ♭B 4/4

桂濤聲詞
夏之秋曲

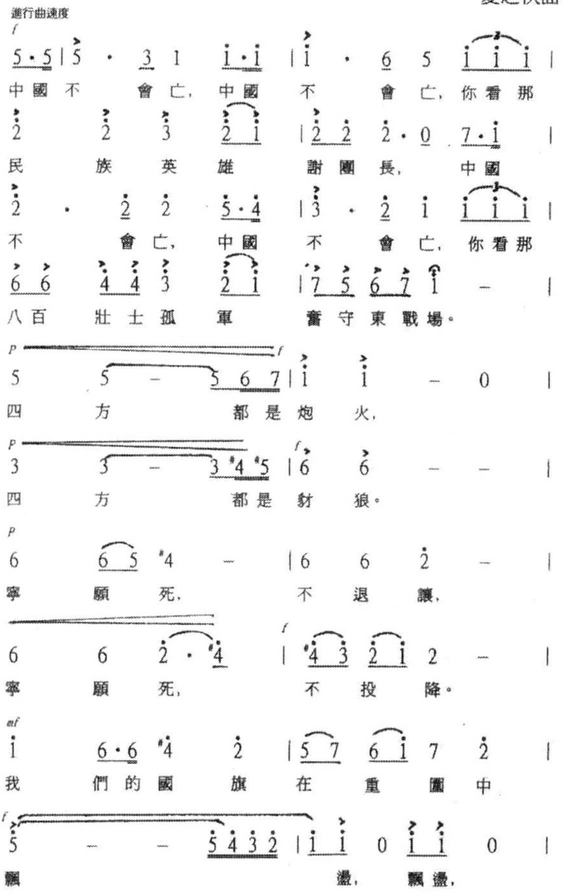
進行曲速度
中國不會亡，中國不會亡，你看那
民族英雄謝團長，中國
不會亡，中國不會亡，你看那
八百壯士孤軍奮守東戰場。
四方都是炮火，
四方都是豺狼。
寧願死，不退讓，
寧願死，不投降。
我們的國旗在重圍中
飄盪，飄盪，

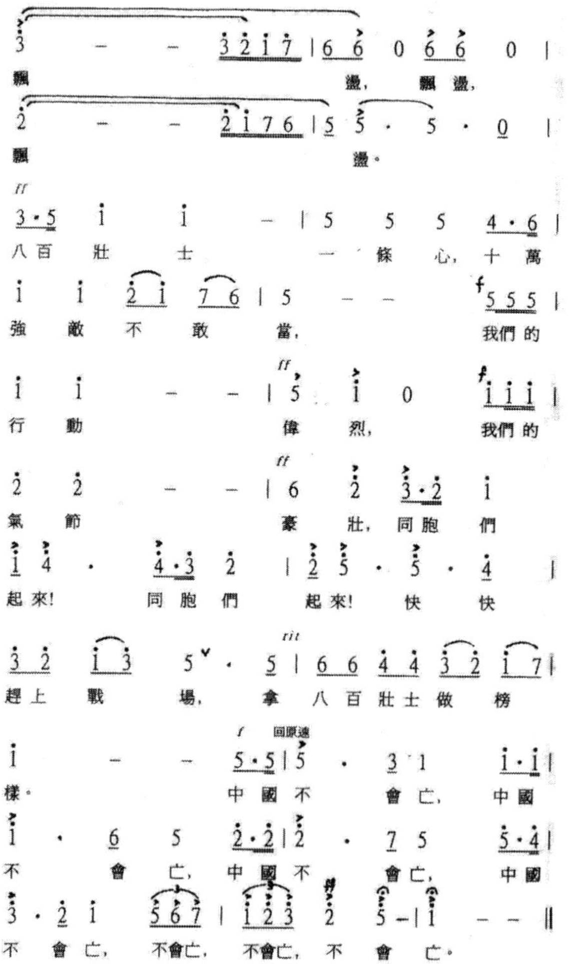
飄 盪，飄 盪，
飄 盪。
八百壯士一條心，十萬
強敵不敢當，我們的
行動偉烈，我們的
氣節豪壯，同胞們
起來！同胞們起來！快快
rit
趕上戰場，拿八百壯士做榜
回原速
樣。中國不會亡，中國
不會亡，中國不會亡，中國
不會亡，不會亡，不會亡，不會亡。

八歲的韋達，有幸成為〈歌八百壯士〉現場第一批唱歌者，此歌曲調高亢，歌詞激奮人心，鼓舞所有海內外中國人一心抗日。這首歌在台灣地區流行到兩蔣時代，到了台獨偽政權時代，李登輝蔡英文等妖女魔男搞去中國化，就沒人唱了，很可惜！

韋達於一九四六年畢業於黃埔軍校工兵科，曾任60軍新一軍副連長，新七軍參謀作戰參謀。新中國成立後，一九五八年畢業於河北師大數學系，先後在河北通州師院、承德師院、平泉師院任教，一九八九年二月退休。

## 柒、十六期王慶堂和廿三期范鴻志

**王慶堂（一九二二—一九八二）**：一九二二年農曆七月十六日，生於浙江省富春江畔的太平村。一九三九年二月考入黃埔廣西桂林分校16期，一九四一年六月畢業，擔任過排長、參謀、連長。新中國成立後，從事體育教學工作，一九八一年秋病故。

周勇〈父親的二三事〉是簡要的回憶，一九四四年初夏，王慶堂隨遠征軍奔赴前線，某次野營寫下一詩可當紀念：「天明始覺滿身霜，抖擻征衫曳馬韁。萬里功名何處是，猶將青鏡看髭鬚。」

**范鴻志（一九二六—）**：生於遼寧鐵嶺，一九四八年考入黃埔23期工兵科。新中國成立後，在60軍工兵營任教員，後參加抗美援朝，在史倉裡阻擊戰立三等功。

# 第四章　尋找飄蕩的忠魂（下）

## 壹、北京《黃埔》雜誌二〇二一年第2期文章主題

特別策劃：抗疫中的黃埔人

〈守望相助、攜手同心戰疫情：浙江省黃埔軍校同學會抗疫記〉

〈守土有責、黃埔有擔當：山東省黃埔軍校同學會抗疫記〉

〈我們在行動：河南省黃埔軍校同學會抗疫記〉

〈攜手共戰疫情、彰顯黃埔作為：湖北省黃埔軍校同學會抗疫記〉

〈援前線同心戰疫、守陣地愛崗盡職：廣東省黃埔軍校同學會抗疫記〉

〈黃埔情聚天涯、抗疫再譜華章：海南省黃埔軍校同學會抗疫記〉

〈凝心聚力戰疫情、貴州黃埔勇擔當：貴州省黃埔軍校同學會抗疫記〉

〈最美逆行家庭：雲南省黃埔軍校同學會黃埔後代抗疫記〉

〈疫情無情人有情、助力防控謀復產：甘肅省黃埔軍校同學會抗疫記〉

〈戮力同心共抗疫、黃埔精神再生輝：新疆維吾爾自治區黃埔軍校同學會抗疫記〉

## 兩岸時評、軍事天地、情繫黃埔

王增佳，〈鄧小平的「一國兩制」構想〉

吳亞明，〈二〇二〇年十二月到二〇二一年元月海峽兩岸大事記〉

石稼，〈現代航母趣談：色彩斑斕的航母服〉

鄭學富，〈結緣抗日戰場、情傳兩家後人〉

陳永新，〈尋找飄蕩的忠魂〉（下）

## 人物春秋與黃埔歷史

陳宇，〈帥才驍將黃公略〉（下）

傅再純，〈記百歲抗戰老兵：江國珍〉

崔瀚鵬、蒲元，〈國難跨馬殺敵寇：記黃埔騎兵薛維軒〉

余良模，〈那個夜晚，父親在柳河車站所經歷的……〉
蔣光璞，〈我和我的百歲父親〉
王建，〈激情歲月：憶「戰幹四團」〉
楊守禮、黃勝利，〈抗日戰爭期間的中央各軍事學校畢業生調查處〉（上）
單補生，〈漫話陸軍獸醫學校〉
賈曉明，〈一九二六年四月四日，黃紹竑應鄧演達之邀到黃埔軍校參觀〉

## 貳、憑吊忠魂、祭拜英烈：騰衝會戰

騰衝會戰
地點：雲南騰衝
時間：一九四四年五月十一日到九月十四日
日軍兵力：約七千人守騰衝城（56師團一部）
國軍兵力：約五萬人攻城（第20集團軍）
騰衝淪陷：一九四二年五月十日

騰衝收復：一九四四年九月十四日

一九四二年五月十日，中國遠征軍第一次遠征失利，騰衝淪陷，小日本鬼子的鬼軍佔領了騰衝。從此，騰衝人民和中國許多被倭鬼入侵佔領的城市一樣，人民陷入了暗無天日的煉獄。

一九四四年五月十一日，就在騰衝淪陷整整兩年後，滇西大反攻開始，中國遠征軍第20集團軍的53、54軍的五個師，加一個重迫擊砲團，總兵力不到五萬人。大軍強渡怒江，仰攻高黎貢山（怒江和伊洛瓦底江的分水嶺），進而準備攻取騰衝。

但因騰衝縣城城牆，工事十分堅固，居高臨下固守，很難攻破。遠征軍用原始的架雲梯攻城，戰役打得很艱苦，按中國第二歷史檔案館編寫的《滇緬抗戰檔案》，其中第20集團軍霍揆彰司令撰寫的《第二十集團軍騰衝會戰經過概要》曾有如下描述：

……我與二師、一九八師、廿六師、一一六師各部主力奮勇直前，由南面城牆下城突入市區，激烈巷戰於焉展開。唯城內人煙稠密，房屋連椽，大都堅實難破，且頑敵家家設防，街巷堡壘星羅棋布，尺寸必爭，處處激戰。我敵肉搏，山川震眩，聲折江河，勢如雷電，屍填街巷，血滿城沿……苦戰廿餘晝夜，所賴將士忠勇，克敵致果，且於九月十四日將固守騰城之敵全部殲滅……

騰衝會戰，國軍有八千多官兵犧牲，他們長眠在縣城西南一公里處疊水河畔的「國殤墓園」，是目前保存最好的抗日將士陵園。

陳永新等一行六人，一踏進國殤墓園，立刻感受到一股沉重的氣氛。墓園仍按軍事原編制，每班、排、連、營至師級，整齊排列，彷彿正準備要衝鋒殺敵的陣勢，只等衝鋒號一響，他們就……

陳永新等將帶來的中國遠征軍紀念酒，灑在第一排陣亡將士墓碑前，然後拾級而上，在山頂的紀念碑基座下環繞三圈，再次灑酒、祭拜！

寫到這裡，我心中有一些好奇，為什麼陳永新等六人會想要做這些事？十幾億的中國人就只有這六人做了這件會感動現在活著的人，乃至感動列祖列宗的事。他們受了什麼啟示？一定是有什麼因緣形成？

## 參、憑吊忠魂、祭拜英烈：密支那血戰

密支那戰役

時間：一九四四年五月十七到八月三日

地點：緬甸密支那

日軍兵力：第18、56師團約三千多人

國軍兵力：新一軍約一萬人內

結果：國軍、盟軍勝利

密支那是緬甸北部交通重鎮，緬甸的第四大城，該城於一九四二年被小日本鬼子佔領，並修建密支那機場，佈署了戰機干擾駝峰航線。同時使得中印公路不能和滇緬公路連接，進入中國大後方的軍品物資被切斷。因此，攻佔密支那是孫立人將軍所率遠征軍，重要的任務。

作戰經過在很多軍史中都有記錄，民間也有不少研究者，因此作戰經過不再重述。最遺憾的是，密支那戰役中，我們的遠征軍至少傷亡也有幾千人，但現在沒有

一個「紀念墓園」或紀念將士碑等。當年只將陣亡官兵就地掩埋，後因緬甸反華，墓都被破壞，這些戰死異鄉的忠魂，不知飄向何方？真是情何以堪！

陳永新等一行六人，到了密支那，他們有聯繫遠征軍後代陪同，要去看望密支那唯一健在的遠征軍老兵，他名叫李光鈿。老人祖籍是雲南宣威，96歲（一九九九年時），老人口述，他是遠征軍71軍的八二砲排長，曾鎮守怒江，參加收復陰登山戰役受傷，流落騰衝，再輾轉到密支那謀生，也未入緬甸籍，現在兩邊都不承認。

遠征軍的後代楊玲玲，帶著陳永新等人去看一處破敗不堪的學校。她說：「這裡原是遠征軍50師陣亡將士墓園，因為緬甸排華，所有遠征軍墓都被破壞，連屍骨也找不到了！」大家聞言暗然神傷，照例在此燃銀燒香，再灑遠征軍紀念酒。

隔日，當地華僑頭領標叔，帶著陳永新一行去探視一座簡陋的建築物，存放著數年前從地下挖出的遺骸，都是陣亡的遠征軍官兵。也都燒香灑酒，臨別情不自禁對著忠魂大聲說：「中國遠征軍的先烈們，我們今天從幾千公里外來看你們，說明祖國和鄉親沒有忘記你們，總有一天會把你們接回去的。」

「把二戰忠靈接回來」，兩岸都有民間人士在努力，新聞也報導過有成功的先例，但皆是萬分之一很特別的個案，加上「命好」。密支那的案要接回來，可能性已經不大了，有如李白〈兵車行〉一詩：

> 車轔轔，馬蕭蕭，行人弓箭各在腰，爺娘妻子走相送，塵埃不見咸陽橋……君不見，青海頭，古來白骨無人收。新鬼煩冤舊鬼哭，天陰雨濕聲啾啾。

這是我國「大唐遠征軍」出征壯行，與一千多年後的「滇緬遠征軍」，其情境本質都很類似。許多因戰飄蕩在外的忠魂，都是「白骨無人收」，或許只有精神上的「招魂」，可以讓忠魂回鄉！

## 肆、憑吊忠魂、祭拜英烈：滇緬公路上的忠魂

滇緬公路

起點：雲南昆明

終點：緬甸臘戍

全長：一千四百五十三公里

動工興建：一九三八年春

完工通車：一九三八年十二月

動員民工二十多萬人，陣亡數千人

南洋三千二百名華僑機工，陣亡一千多人

一九三七年八月，大規模抗戰爆發，由於敵我武器裝備相差太大（可用大刀對坦克形容），沿海城鎮港市被日寇佔領已是不可避免。蔣公在南京招開國防會議，商討抗戰問題，統一集中全民力量，打倒入侵的小日本鬼子，挽救民族於危亡之際。

會議中，雲南省主席龍雲提出：隨著戰爭蔓延，沿海交通線都可能被日軍切斷，取道香港和越南的運輸線必被阻絕。因此，建議緊急修建一條從雲南昆明到緬甸臘戍的山間公路，以確保海外物資能源源不斷送到國內。龍雲表示，除中央財力支持外，築路由雲南省負責。

從歷史回顧看，佩服龍雲未雨綢繆的戰略眼光，誕生一條堪比萬里長城偉大的盤山公路。若沒有這條公路運進源源不斷的武器物資，光靠將士忠勇的血肉，將如何撐下去？如何打垮小日本鬼子？

一九三七年十一月二日，國民政府正式下令，由行政院撥款，雲南一年內修築完工滇緬公路。龍雲立即通令沿縣征集民工，不分男女，完全憑人力，胼手胝足，二十多萬民工一條心，僅僅九個月完成一千四百多公里的山間公路。施工期間有數千民工陣亡，都長眠於公路兩側的山間，恐早已被人忘記了！

公路通車後，急需大量司機和機工技術人員，南僑總會主席陳嘉庚，號召青年華僑回祖國共拯危亡。有三千二百多名赤子組成「南洋華僑機工回國服務團」，直到抗戰勝利，他們確保道路暢通，也有一千多人陣亡，長眠在路旁的崇山峻嶺中。

中國現在高級公路四通八達，已經很少人走這條抗戰時期的生命線公路，路面經八十年滄桑的滇緬公路，如今也如一個老人家。陳永新等一行，來到一段叫塘石路的路面，在此燃燭、燒銀、灑酒，祭拜英靈。

## 伍、陳永新一行「尋找飄蕩的忠魂」之後記結語

陳永新等一行六人，歷時十四天，自駕行程八千公里，橫跨大半個中國的尋訪

二戰忠魂之旅。這是承續二戰先烈的遠征之後，再次的「長征」，對他們六人而言，是接受了一次愛國主義的洗禮，他們的人生意義和生命的價值，完全提昇到一個前所未有的境界。

途經昆明時，他們特意拜訪了遠征軍總司令衛立煌上將的孫女衛修寧、滇緬戰史研究專家戈叔亞、國內第一個創辦大型關愛抗戰老兵慈善基金會的孫春龍先生。大家共議共商，從各種不同方式來「尋找飄蕩的忠魂」，歷史不能忘記！

經他們引薦，六人又與慕名已久、抗戰史田野調查著名學者、《父親的戰場》作者章東磐先生，國內著名的軍旅作家、滇西抗戰史權威余戈先生取得聯繫。他們都是歷時幾十年孜孜追尋抗戰足跡的人，說實在，都是叫人敬佩的現代典範中國人。

當中國社會開始接近富裕的時候，大家吃飽喝足之餘，尚有人投身於民族「春秋大義」事業，這就是讓人感動的地方。我也很感慨，像陳永新一行做的義行，在台灣已經找不到了。那些台獨妖女魔男搞三十年「去中國化」，毀了台灣社會！毀了台灣人品素質！

六人一行八千公里尋找飄蕩的忠魂，任務終於完成。從桂林到諸暨有一千五百公里，他們一口氣奔襲回到諸暨，車行到浙江境內正是子夜，車內剛好播出張明敏唱的〈中華民族頌〉。他們全無倦意，大家都情不自禁，和著歌聲大聲同唱：

青海的草原
一眼看不完
喜馬拉雅山，峰峰相連到天邊
古聖和先賢
在這裡建家園
風吹雨打中
聳立五千年
中華民族！中華民族！
經得起考驗
只要黃河長江的水不斷
中華民族！中華民族！
千秋萬世直到永遠！

## 陸、黃埔溫文儒將覃異之，從82年前女記者張郁廉說起

覃異之（一九〇七—一九九五）
原籍：廣西賓陽，出生在廣西安定
黃埔軍校二期砲科
張郁廉，山東掖縣人，一九一四年生
著有《白雲飛渡》，中國首位戰地女記者
台兒莊戰役時，覃異之任52軍25師參謀長
張郁廉在砲火中到師部採訪覃異之

台兒莊戰役發生在一九三八年三到四月間，當時參戰的中國部隊之一是52軍（軍長關麟徵）25師（師長張耀明、參謀長覃異之）。戰役開打期間，中國首位戰地女記者張郁廉冒著砲火危險，到25師師部採訪覃異之。她對覃異之的第一印象是：工詩詞、態度穩健、堅毅，談吐文雅，「儒將」之風教人欽敬。

半個多世紀之後，張郁廉得知覃異之在主持北京《黃埔》雜誌社，乃經這管道

寫一封信給覃異之，信中說「希望有機會見面」。（詳情可看北京《黃埔》雜誌二〇二一年第二期，鄭學富〈結緣抗日戰場、情傳兩家後人〉一文）。

大約是二〇二〇年時，覃異之的女兒覃珊整修老房子，在父親遺存信箋中，發現了張郁廉的信。之後，才引出兩家人的第二代，覃珊和張郁廉的兒子一段交流聯誼（均見鄭學富的文章）。本章主述是該文所提到，我黃埔老大哥覃異之的生平簡介。

覃異之，原名異存，號曉能，出生在廣西安定（今都安）。一九二四年考入桂軍軍官學校一期，次年六月轉入黃埔軍校二期砲科，在保定戰役胸部中彈受傷，一九三八年三月參加台兒莊戰役，期間接受張郁廉採訪。

一九四七年十月初，蔣公在南京召見覃異之，派他擔任第八兵團副司令官兼52軍軍長，加強沈陽防務。他只得赴任，但他並不願意打內戰了。意外的是，他在沈陽見到了張郁廉，分別十年老友相見，格外高興。

一九四八年三月，他當選第一屆國大代表，十一月任首都衛戍副司令兼江北指揮所主任。一九四九年五月一日，蔣公召開高級軍官會議時，以接家眷赴香港再去台灣為名，六月到香港，八月和黃紹竑、龍雲等人，在香港通電起義，十二月全家回到北京。

一九五四年，覃異之和將門之女、小自己十七歲的王大坤女士結婚，育有一子一女。新中國成立後，他先後擔任過國防委員、政協常委等職，一九九五年九月十七日在北京逝世。

一九四九年五月，張郁廉和丈夫帶著兩個兒子到台灣。後辭去中央通訊社工作，拜在黃君璧門下學國畫。二〇一〇年謝世，二〇一五年，張郁廉的兒子孫宇立，整理母親的手稿出版了《白雲飛渡：中國首位戰地女記者張郁廉傳奇》（允晨文化，二〇一六年），這是一個時代的記憶，也是一個時代的結束。

## 柒、率部與日寇展開白刃戰：百歲抗戰老兵江國珍

江國珍（一九二〇—二〇二〇）

原籍：福建邵武

黃埔17期步科

一九四五年八月率部突擊北越蒙坑

江國珍，一九二〇年九月，出生在福建邵武市（今南平市代管的縣級市）。一九三九年，考入福建協和大學（抗戰時遷邵武）附屬高級農業中學，他希望未來能夠成為一個農業專家，為中國農業做出貢獻。

一九四一年春，抗日戰爭進入艱苦時期，江國珍決心投筆戎，考黃埔軍校。他父親勸說「當兵危險，打仗會死人。」江國珍回說：「國家都快沒了，讀農學還有什麼用？」他矢志從軍，順利成為黃埔軍校17期步科生，決心要好好殺幾個小日本鬼子。

軍校17期原計劃一九四三年六月畢業，因戰事吃緊，一九四二年底提前畢業調往雲南。江國珍所在部隊，是52軍一九五師五八五團，一九四三年春，部隊開進緬甸，經一個月激戰攻克仰光，江國珍因功升任連長。

一九四五年八月，各戰區發動對小日本鬼子最後清除之戰。52軍奉命由雲南馬關、西疇等地出擊，進攻殘餘北越的日寇，江國珍時任一九五師五八五團第三連連長，負責突擊北越蒙坑，殲滅該區日軍。八月六日拂曉總攻擊，他率領全連官兵血戰蒙坑，到最後展開白刃格鬥，斬日寇三十餘，繳獲大量武器彈藥。

小日本鬼子終於無條件投降了。一九四五年八月底，江國珍隨部隊到越南河內，親歷了莊嚴的日軍受降儀式。這一刻全亞洲的人都笑了！都安心了！不用再擔心日本鬼打來了！但小日本鬼給亞洲人民帶來巨大的災難，則是永遠刻骨銘心的歷史印記。

新中國成立後，江國珍回邵武在中學教英文，直到一九九三年已經七十三歲才退休。二〇一五年八月，江國珍收到中國人民抗日戰爭勝利70周年紀念章。據傳再純在文章說，江老百歲生日後不久去世，人生能功在國家而有百歲高壽，這是天命、好命！

## 捌、國難跨馬殺敵寇：黃埔騎兵薛維軒

薛維軒（一九二二—二〇二〇）

原籍：陝西西安戶縣

黃埔七分校18期騎兵科

回顧痛斬小日本鬼子：

## 國難跨馬殺敵寇、殲滅日寇國太平

薛維軒，在舅舅家長大，受舅舅進步思想影響，家中先後有五人從軍，四人參加對日抗戰，一人在伊犁保衛邊疆安全。在這樣的環境氛圍中，他對國家民族自然的有一種熱情。一九三九年才十七歲的他，就考入了黃埔七分校，成為18期騎兵科第八大隊的學生。

據薛維軒說，由於校本部缺騎兵專業教師，馬匹供應不足，所以軍校第17、18、20、22期的騎兵科生，都在甘肅天水馬跑泉的陸軍騎兵學校代訓。一九四二年，他從七分校畢業，分發到騎兵第7師第20團4連，先後擔任排長、上尉參謀、特務連少校連長等職。

從一九四二年起，薛維軒一直在綏遠隨騎兵第7師行動，接受第八戰區副司令長官傅作義指揮，並與第35軍併肩作戰，參加老虎山戰鬥、包頭外圍戰鬥。曾在臨河、陝壩、五原等地，斬殺不少日軍。薛老回憶，從軍的目標，就是要斬殺入侵的小日本鬼子，而人生目標能夠實現，就是一種「爽」啊！

在對《陝西老年報》記者採訪時，他說到對日軍第一戰：「我第一次接觸到小日本鬼子，是一九四二年初秋的一個下午，發現日軍一團準備要偷襲我軍步兵，我們立刻下馬設置陣地，阻擊日軍進攻，直到我軍增援上來。」

薛老說：「這一仗也打得慘烈，日軍飛機投下燃燒彈，我們很多人受傷，我也受傷褲子也燒了。簡單包紮好傷口後，我還一馬三騎救回了兩個受傷的戰友。」回首前塵，薛老感慨的說，在抗日戰爭中，雖然立的不是什麼驚天動地的大戰功，至少為國家民族、為當受難的中國百姓，斬殺了不少小日本鬼子，於願已足！

新中國成立後，他回秦鎮老家，後當小學教師、務農，七〇年代利用自己房子臨街開一家紙花店。二〇一五年和二〇一九年，他先後獲頒「抗戰勝利70周年紀念章」和「中華人民共和國成立70周年紀念章」。陝西志願者團隊敬贈「抗戰英雄」牌匾，掛在他的紙花店門頭，他的晚年過得精彩啊！

回顧薛老的一生，他最感到光榮的，用他自己的詩句表達，還是「國難跨馬殺敵寇、殲滅日寇國太平」，並以此警示生生世世的中國人，千萬隨時防著小日本鬼子。筆者認為光是防著不夠，用核武滅了倭種才行，使其亡種亡族亡國，這個邪惡物種不該存在地球上！

## 玖、抗戰期間中央各軍事學校畢業生調查處之通訊處

楊守禮、黃勝利的文章，提到抗戰史少為人所知的事。依據《軍事委員會中央各軍事學校畢業（員）生調查處組織條例》，在各省市、各部隊設立通訊處或直屬通訊分處，或直屬通訊小組。以下是抗戰期間各通訊處負責人及其簡況（括號內為繼任者）：

**浙江省通訊處**：主任宣鐵吾，黃埔一期，浙江人，時任浙江省保安處長；副主任周漢儀，黃埔六期，湖南人（胡履端，黃埔二期，浙江人）。

**四川省通訊處**：主任葉維，黃埔四期，四川人（史良，黃埔三期，中央軍校教官，四川人）；副主任楊律，黃埔四期，四川人（彭鈞烈，黃埔四期，四川人）。

**湖北省通訊處**：主任阮齊，黃埔二期，湖北人，時任軍訓主任委員、保安處長；副主任覃學德，黃埔一期，廣西人（蔡汝慎，兼，黃埔六期，江西人，畢業生調查處通訊股長）。

**江西省通訊處**：主任郭禮伯，黃埔一期，江西人，第6預備師師長；副主任張禮獻，黃埔二期，江西人（張謂珍，黃埔六期，湖南人；謝振華，黃埔二期，江西

人）。

**河南省通訊處**：主任蕭作霖，黃埔四期，湖南人（王汝洋，黃埔四期，河南人，軍訓處張）；副主任張其峰，黃埔六期，湖南人（艾聖緒，黃埔四期，河南人）。

**湖南省通訊處**：主任蔣肇周，黃埔三期，湖南人（李樹春，黃埔一期，湖南人，保安處張）；副主任向陽，黃埔五期，湖南人。

**福建省通訊處**：主任葉成，黃埔三期，浙江人，時任保安處長（黃珍吾，黃埔一期，保安處長）；副主任鄺積典，黃埔四期，湖南人）。

**雲南省通訊處**：主任陳廷壁，黃埔一期，省黨部常委，雲南人；副主任盧浚泉，黃埔四期，時任幹訓班上校團長，雲南人（李琛，黃埔四期，四川人）。

**陝西省通訊處**：主任馬志超，黃埔一期，時任公安局長，甘肅人（徐經濟，黃埔一期，陝西人，保安處長）；副主任萬國藩，黃埔二期，江西人（楊造時，黃埔四期，湖北人）。

**甘肅省通訊處**：主任史銘，黃埔一期，湖南人，時任公安局長（劉味書，黃埔一期，第八戰區參議，湖南人）；副主任胡維藩，中央軍校軍研班，浙江人，軍訓處長）。

**貴州省通訊處：**主任馮劍飛，黃埔一期，時任保安處長（何輯五，陸大12期，貴州人，省府委員）；副主任趙爾玉，黃埔七期，貴州人（韓斌，中央軍校政研班一期，江蘇人）。

**廣西省通訊處：**主任卿明騏，黃埔三期，廣西人；副主任扶伯宏，黃埔六期，湖南人）。

**廣東省通訊處：**主任侯志明，黃埔四期，廣東人（吳乃憲，黃埔一期，廣東人，保安處副處長）；副主任謝鎮南，黃埔三期，廣東人（李崇詩，黃埔六期，湖南人）。

**青海省通訊處：**主任哈世昌，中央軍校特訓班一期，江西人，八十二軍政治部主任。

**美洲通訊處：**主任蔡文治，黃埔九期。

**歐美通訊處：**主任鄧悌，黃埔一期，湖南人；副主任吳祖楠。

以下各通訊處，到一九三七年尚正常工作，一九三九年因戰局變化，活動基本停止：

**安徽通訊處：**主任李國幹，黃埔一期，廣東人；副主任丁培鑫，黃埔五期，安徽人。

**上海通訊處**：主任陸杰，黃埔一期，江西人；副主任呂哲，黃埔四期，四川人。

**江蘇通訊處**：主任李守維，黃埔二期，江蘇人，時任保安副處長；副主任侯鼐釗，黃埔一期，江蘇人。（一九四三年九月三十日，通訊處裁撤）。

**河北通訊處**：主任缺，副主任何其祥，黃埔五期，河南人。

**山西通訊處**：主任王國相，黃埔一期，山西人，時任保安團長；副主任王慎之，山西人。

**綏遠通訊處**：主任包景華，黃埔四期，奉天人。

**留日直屬小組**：組長嚴澤元，黃埔三期，四川人。

## 拾、17期蔣潤苑和18期王建

蔣潤苑（一九一七—）：蔣光璞在〈我和我的百歲父親〉一文，對父親蔣潤苑的過往只簡略提到，文章主要講他和父親在書法練字上的互動。蔣老已一百零四歲，還能指導兒子練書法，真是大好天命！

蔣潤苑，山東廣饒人，一九三六年加入東北軍53軍，一九四一年考入黃埔二分校（武岡）期。抗戰期間隨軍轉戰各地，參加過武漢會戰、滇西反攻，勝利後到越南接替60軍防務。

王建（一九二五—二〇一七）：祖籍山東安丘，一九四二年進入在西安的中央暫時工作幹部訓練團，再被編入黃埔18期學生總隊第三大隊三中隊（政治科）。畢業後，參加過豫中會戰，一九四四年參加遠征軍，一九四五年冬回到南京。

勝利後王建考入山東大學文史系，後曾任教於青島鐵路職工子弟中學，一九八八年擔任山東黃埔同學會副會長。退休後與他人合作出版了長篇紀實文學《師出印度》。

《師出印度》（青島出版社，一九九九年），完整記錄中國遠征軍在印度的歷史，許多被封塵數十年的故事，再現世人面前，此時王建是山東唯一健在的遠征軍老兵。

# 第五章　歷史講事實、脫離事實都是科幻

何謂「事實」？例如「室內有三個人，老張是國民黨員、老李是民進黨員、老王是共產黨員。」或「花園開了三種顏色的花，紅色、白色、黃色。」因此，「事實」，就是一種「科學語言」，可觀察、記錄、驗證（驗證有或沒有！是或不是！）

何謂「非科學語言」？例如「那三種花，我討厭紅色。」或「我討厭民進黨員，當他不存在」。非科學語言通常是「價值語言」，你「當他不存在」，他依然是存在的，當他不存在就成了「與事實不合」。

這就是本章所述「歷史講事實、脫離事實都是科幻」的基本原理。往昔，兩岸對中國近現代史的論述，總是犯了「非科學語言」的表達，太多「與事實不合」，例如「國民黨籍的抗日英雄不是英雄」「共產黨籍的黃埔同學不是同學」。幸好！現在改善很多，歷史只講事實，脫離事實都是科幻！

# 壹、北京《黃埔》雜誌二〇二一年第4期文章主題

## 特別策劃：風展紅旗如畫

曾慶榴，〈共產黨人在黃埔軍校〉

陳予歡，〈中國共產黨革命英烈中的黃埔軍校師生：建黨百年華誕紀念早期中共軍事骨幹概覽〉

## 兩岸時評、軍事天地與黃埔人物

張靜生，〈淺談中國傳統「大一統」思想的當代價值〉

楊程晨，〈三尺講台內外的西藏教育變遷：西藏和平解放70年紀實〉

吳亞明，〈二〇二一年四—五月海峽兩岸大事記〉

石　稼，〈解碼美國「尼米茲」號航空母艦〉

高雲貴，〈我與錢復先生的忘年交〉

許榮世，〈傳承黃埔精神，共築民族復興中國夢〉

崔光燁，〈熱血染紅五星紅旗（下）：記中共滿州省委軍委書記、東北抗聯創始人楊林、李秋岳夫婦〉

李國強、呂永岩，〈記中國遠征軍抗日英烈丁嘉民〉

## 後代追憶與黃埔歷史

張　戰，〈追憶我的姥爺陳敬安烈士〉

蔣光宇，〈父母的三句話〉

吳如雄，〈我的父親：百歲黃埔抗戰老兵吳道華的傳奇人生〉

駱大仁，〈我的風雨人生〉

龔玉和，〈富陽黃埔同學口口稱頌的「堂館」〉

林爽爽，〈軍史布衣第一人：陳廷賢〉

劉振榮，〈憶湘西會戰〉

曹景滇，〈曹藝留下的《一九二九年中央軍校大逮捕事件追憶》〉

單補生，〈紅色文獻之《政治問答集（一）》〉

賈曉明，〈一九二六年四月八日，蔣作賓到黃埔軍校訪問蔣介石，力主速率國民革命軍出師北伐〉

熊子杰，〈你不知道的台灣：兩岸應知道的台灣歷史故事〉

在陳予歡〈中國共產黨革命英烈中的黃埔軍校師生〉一文，列出了黃埔軍校前幾期的共產黨籍師生，稱其「英烈」，台灣方面可能還難以接受。但事實就是事實，何況現在大陸早已取得「正統」論述，中國之正統已在大陸，台灣則淪成「偽政權」，一個中國的地方割據不法政權，不能接受也得接受！

## 貳、第一、二次東征和廣東諸役中的黃埔英烈

**徐　堅**（一八九〇—一九三〇）：黃埔一期特別官佐，任國民革命軍第一軍四團黨代表。

**義明道**（一九〇四—一九二五）：一期生，第一次東征時任排長。

**羅煥榮**（一九〇〇—一九二七）：一期生，任第六屆廣州農民運動講習所軍事教員。

**洪劍雄**（一八九九—一九二八）：一期生，任國民革命軍第一軍14師政治部副主任。

**李勞工**（一九〇一—一九二八）：二期生，任東征軍海陸豐後方辦事處主任。

**胡秉鐸**（一九〇二—一九二七）：二期生，任東路軍第一師政治部主任。

**練國梁**（一九〇一—一九二七）：二期生，任北伐軍第25師75團3營營長。

## 參、創建鐵甲車隊暨葉挺獨立團的黃埔英烈

**徐成章**（一八九二—一九二八）：特別官佐，任陸海軍大元帥府鐵甲車隊長及中共廣東區委軍委委員。

**曹　淵**（一九〇二—一九二六）：一期生，任葉挺獨立團營長。

**趙世藩**（一九〇三—一九二七）：四期生，任葉挺獨立團營長。

**龔培元**（一九〇〇—一九二七）：四期生，任葉挺獨立團連指導員。

**傅　杰**（一九〇〇—一九三九）：四期生，任葉挺獨立團連長。

## 肆、南昌起義中的黃埔英烈

**董　朗**（一八九九—一九三二）：一期生，任起義軍第24師營長。

**彭乾臣**（一八九九—一九三五）：一期生，任起義軍南昌衛戍司令兼政治委員。

**伍文生**（一九〇一—一九二七）：一期生，任起義軍新編第20軍一師一團政治指導員。

**鄒　范**（一九〇〇—一九二九）：一期生，任起義軍南下撫州時第71團參謀長。

**孫樹成**（一九〇二—一九二七）：一期生，任起義軍第24師教導大隊大隊長。

**游步瀛**（一九〇三—一九二七）：一期生，任起義軍第11軍25師參謀處長。

**孫一中**（一九〇四—一九三二）：一期生，任起義軍第25師75團一營營長。

**蔡升熙**（一九〇三—一九三二）：一期生，任起義軍第24師參謀長。

**郭德昭**（一九〇四—一九二七）：一期生，任起義軍第20軍3師師部經理處長。

**傅維鈺**（一九〇一—一九三二）：一期生，任起義軍第20軍6團團長。

**冷相佑**（一九〇三—一九二七）：一期生，任起義軍第20軍教導團第一營營長。

**楊溥泉**（一九〇〇—一九二七）：一期生，任起義軍新編師副團長。

**張堂坤**（一九〇四—一九二七）：二期生，任起義軍第25師73團4連連長。

**蕭人鵠**（一八九八—一九三二）：二期生，任起義軍第11軍24師獨立團參謀長。

**宛旦平**（一九〇〇—一九三〇）：二期生，任起義軍第25師75團參謀長。

**申朝宗**（一九〇三—一九二八）：三期生，任起義軍第11軍24師教導隊副大隊長。

**蔡晴川**（一九〇三—一九二七）：三期生，任起義軍第25師75團3營營附、營長。

**胡　燦**（一八九七—一九三二）：三期生，任起義軍第10師30團3營營長。

**周邦采**（一九〇三—一九二八）：三期生，任起義軍第20軍3師教導團參謀長。

**曹素民**（一九〇一—一九三〇）：三期生，任起義軍第20軍營長。

**劉煜祖**（一九〇五—一九二七）：四期生，任起義軍第11軍24師71團代理團長。

**林　鐸**（一九〇四—一九二七）：四期生，任起義軍補充團團長兼黨代表。

**趙　輞**（一九〇四—一九三一）：四期生，任第20軍教導團第8隊隊長。

**蕭以佐**（一九〇七—一九三〇）：四期生，任中共興國縣委委員率農軍參加起義。

**黃讓三**（一九〇二—一九二八）：四期生，任起義軍第11軍25師工兵連副連長。

**裘古懷**（一九〇二—一九三〇）：四期生，任起義軍第24師政治部宣傳科長。

**魏亮生**（一九〇四—一九二八）：四期生，任起義軍第20軍政治部秘書科科長。

## 伍、秋收起義中的黃埔英烈

**盧德銘**（一九〇五—一九二七）：二期生，任武漢國民政府警衛團團長。

**程俊魁**（一九〇一—一九二八）：二期生，任中共贛南特委軍委委員。

**王富生**（一九〇三—一九二七）：三期生，任工農革命軍第1軍1師1團砲兵隊隊長。

**伍中豪**（一九〇三—一九二九）：四期生，任工農革命軍第1軍1師3團3營營長。

## 陸、廣州起義中的黃埔英烈

**惲代英**（一八九五—一九三一）：政治總教官，任廣州蘇維埃政府人民委員會秘書長。

**趙自選**（一九〇一—一九二八）：一期生，任廣州蘇維埃政府人民土地委員、第六屆廣州農民運動講習所軍事訓練總隊長兼總教官。

**黃錦輝**（一九〇三—一九二八）：一期生，任中共廣東省委委員及中共廣州市委軍委書記。

**吳　展**（一八九九—一九三三）：任黃埔軍校特務營營長。

**唐　震**（一九〇四—一九二八）：一期生，參加廣州起義軍攻打省會公安局。

**陳　恭**（一九〇五—一九二八）：二期生，起義時任總指揮部副官長。

**賀維中**（一九〇四—一九二八）：三期生，在總指揮部工作。

**符　節**（一八九九—一九二八）：三期生。

**焦啓鎧**（一九〇五—一九三二）：三期生。

**魏定邦**（一九〇一—一九二八）：三期生。

**陸更夫**（一九〇六—一九三三）：四期生，任工農革命軍第4師參謀長及中共兩廣省委書記。

**葉　鏞**（一八九九—一九二八）：四期生，任工農革命軍第4師師長。

**王侃予**（一九〇〇—一九二八）：四期生，隨黃埔軍校特務營起義。

**繆藝人**（一九〇六—一九三〇）：四期生，任黃埔軍校特務營副連長。

**曾乾庭**（一九〇三—一九二八）：五期生，任中共廣東省委軍委委員兼工人糾察隊軍訓總教官。

**郭成榮**（一九〇六—一九三〇）：四期生，任警衛營排長。

**游　曦**（一九〇八—一九二七）：武漢分校女生隊學員，任教導團班長。

**唐　維**（一九〇三—一九二八）：六期生，任紅軍第4師黨委書記。

**張鴻沉**（一九〇四—一九三〇）：黃埔軍校科員，任蔣先雲團營政治指導員。

**王誠意**（一九〇四—一九二八）：六期生，隨第二方面軍軍官教導團起義。

**向鎮藩**（一九〇八—一九二七）：五期生，隨黃埔軍校教導營參加起義。

**尹沛霖**（一九〇三—一九二七）：黃埔軍校入伍生，隨教導營參加起義。

## 柒、參加湘南起義中的黃埔先烈

**鄺　墉**（一八九七—一九二八）：二期生，任紅四軍第34團團長。

**劉之志**（一九〇〇—一九二九）：三期生，參加湘南起義後任工農革命軍第7師參謀長。

**陳毅安**（一九〇五—一九三〇）：四期生，參加湘贛邊界秋收起義後任紅軍第五軍參謀長。

**鄧毅剛**（一九〇四—一九三二）：四期生，任紅軍第九軍軍長。

**王　良**（一九〇五—一九三二）：五期生，參加湘南起義後任紅4軍軍長。

**陳　俊**（一九〇三—一九三〇）：三期生，參加起義後任紅4軍29團參謀長。

**譚　衷**（一九〇〇—一九二九）：二期生，任工農革命軍第1師政治部科長。

**劉鐵超**（一八九九—一九三二）：二期生，參加湘南起義後任紅20軍軍長。

**游端軒**（一九〇三—一九三四）：六期生，參加湘南起義後任紅12軍軍長、紅19軍軍長。

## 捌、井岡山鬥爭中的黃埔英烈

**王爾琢**（一九〇三—一九二八）：一期生，任工農革命軍第1師參謀長。

**吳振民**（一八九九—一九二七）：二期生，率農軍在湖南汝城成立第2師任副師長，中共湖南省委軍委委員。

**朱雲卿**（一九〇七—一九三一）：三期生，任工農革命軍第1師1團參謀長。

**張　崴**（威）（一九〇三—一九二九）：紅四軍軍部獨立營營長留守井岡山。

**蒙九齡**（一九〇三—一九二八）：三期生，任紅四軍第10師30團團長。

**蕭　勁**（一九〇四—一九三〇）：三期生，任紅四軍第10師28團3營營長。

**陳　俊**（一九〇四—一九三〇）：三期生，任紅4軍28團3營黨代表、營長。

**李天柱**（一八九九—一九三五）：四期生，紅4軍11師31團3營8連連長、29團營長。

**王展程**（一九〇二—一九二九）：四期生，紅4軍28團2營營長、代理團參謀長。

**陳　鵬**（一九〇五—一九二八）：四期生，紅4軍11師33團3營副營長。

**賀國中**（一九〇五—一九二九）：五期生，紅5軍30團第2大隊大隊長。

**徐彥剛**（一九〇七—一九三五）：六期生，工農革命軍32團2營營長。

**游雪程**（一九〇三—一九三〇）：六期生，工農革命軍第1軍1師2團政治部主任。

## 玖、參與創建紅1方面軍及江西中央根據地的黃埔英烈

**黃公略**（一八九八—一九三一）：黃埔軍校高級班學員，任紅6軍軍長。

**何章杰**（一九八六—一九三〇）：一期生，任紅軍第3軍團第8軍3縱隊縱隊長。

**陳啓科**（一九〇六—一九三〇）：一期生，紅軍第3軍團參謀長。

**賀聲洋**（一九〇五—一九三一）：一期生，任閩西紅軍新編第12軍代理軍長。

**鄧　萍**（一九〇八—一九三五）：六期生，任紅軍第5軍參謀長及第3軍團參謀長。

**李　蕚**（一九〇七—一九三四）：四期生，任紅8軍第1縱隊縱隊長。

**林　野**（一九〇二—一九三四）：四期生，紅1軍團12軍參謀長。

**郭子明**（一八九九—一九三六）：四期生，任紅16軍政治部主任及湘鄂贛軍區參謀長。

**李青雲**（一九〇三—一九三四）：武漢分校教官，任紅5軍團一二九團團長、紅43師師長、紅15軍軍長。

**李雲貴**（一九〇二—一九三〇）：潮州分校二期生，任紅4軍4縱隊7支隊黨代表。

**張赤男**（一九〇六—一九三二）：六期生，任紅4軍12師政委。
**張希堯**（一九〇六—一九三二）：六期生，任閩西紅第三路軍總指揮。
**胡　燦**（一八九五—一九三二）：二期生，任贛南紅第25縱隊參謀長。
**藍廣孚**（一九〇二—一九二九）：四期生，任紅19縱隊司令員。
**陳鐵生**（一九〇五—一九三五）：五期生，任紅第64師政治部主任。
**趙世嘉**（一九〇四—一九三一）：五期生，任寧都蘇維埃政府獨立3團政委。
**石衡鐘**（一九〇五—一九三一）：四期生，任紅8軍第2縱隊和第2師政委。
**鐘緯劍**（一九〇七—一九三五）：三期生，任軍委縱隊和紅3軍團5師參謀長。
**何　昆**（一八九八—一九二九）：四期生，任紅軍第14軍軍長。
**張錫龍**（一九〇六—一九三三）：六期生，任紅5軍團13軍參謀長及紅7軍軍長。

## 拾、參與創建紅二方面軍及湘鄂川黔根據地的黃埔英烈

**周逸群**（一八九六—一九三一）：二期生，任紅6軍和紅2軍團政委。

**魯　易**（一八九七—一九三二）：黃埔政治部副主任，任湘鄂紅3軍政治部主任。

**曾中生**（一九〇〇—一九三五）：四期生，鄂豫皖特區委員會書記和革委會主席。

**段德昌**（一九〇四—一九三三）：四期生，紅2軍團6軍政委副軍長、湘鄂紅6軍軍長。

**黃　鰲**（一九〇二—一九二八）：一期生，任湘鄂西工農革命軍第4軍參謀長。

**孫一中**（一九〇四—一九三二）：一期生，任鄂西洪湖紅6軍軍長。

**唐赤英**（一九〇三—一九三二）：四期生，任湘鄂西軍委參謀長和紅3軍參謀長。

**譚　侃**（一九〇〇—一九三二）：二期生，任紅2軍團6軍16師48團政委。

**湯慕禹**（一九〇三—一九三二）：四期生，任湘鄂西紅2軍團參謀長及紅6軍軍長。

**凌　霄**（一九〇五—一九三五）：四期生，任紅軍第34師副師長。

**蔣一峰**（一九〇四—一九三一）：六期生，任中共永城縣委書記。

**李明銓**（一九〇六－一九三二）：五期生，任房山縣蘇維埃政府主席兼獨立團團長。

**戴補天**（一九〇一－一九三二）：六期生，公安縣委書記及湘鄂西省蘇維埃政府財政部長。

**彭之玉**（一九〇二－一九三二）：六期生，任中共湘鄂西省委常委兼湘鄂西省蘇維埃政府主席。

**周爲邦**（一八九五－一九二八）：三期生，鄂東特委軍委書記及鄂東游擊隊司令員。

**劉德全**（一九〇一－一九三二）：六期生，紅9軍26師78團團長。

**黃克佐**（一八九八－一九三二）：四期生，湘西特委委員及紅2軍團3軍參謀長。

**唐赤英**（一九〇三－一九三三）：三期生，紅3軍代政委及湘鄂西軍委參謀長。

**冉少波**（一九〇三－一九三五）：六期生，紅軍黔東獨立師副師長。

## 拾壹、參與創建紅四方面軍及鄂豫皖川陝根據地的黃埔英烈

**蔡升熙**（一九〇六—一九三二）：一期生，紅15軍軍長及紅第四方面軍副總指揮。

**許繼慎**（一九〇一—一九三一）：任鄂豫皖邊區紅一軍軍長。

**曾中生**（一九〇〇—一九三五）：四期生，鄂豫皖中央分局委員和軍委副主席。

**郭　炳**（一九〇五—一九三二）：四期生，任鄂豫皖邊區紅1軍副師長。

**段補祺**（一九〇六—一九三二）：四期生，任紅四方面軍86團團長。

**李　坦**（一九〇三—一九三二）：六期生，任紅軍第10師政委。

**周維炯**（一九〇八—一九三一）：六期生，任紅4軍11師師長。

**胡祥仁**（一九〇一—一九三二）：黃埔軍校入伍生，霍山縣游擊師師長。

**桂仲景**（一九〇七—一九三〇）：四期生，桐柏縣委委員及紅9軍25師1大隊中隊長。

**金孚光**（一九〇七—一九三一）：四期生，桐柏縣委書記及紅15軍1團團長。

**蕭　芳**（一九〇五—一九三一）：四期生，任皖西紅軍教導師師長。

**尚攸如**（一九〇五—一九二八）：六期生，豫南工農革命軍3大隊大隊長。

**易宗邦**（一八九八—一九三二）：六期生，商城縣委書記、羅山縣委書記。

**李惠民**（一九〇六—一九二九）：六期生，任中共商城縣委書記。

**陳子藩**（一九〇九—一九三四）：三期生，任中共新蔡縣委書記。

**范　陀**（一九〇一—一九三一）：六期生，鄂豫皖紅1軍1師參謀主任。

**徐寶珊**（一九〇三—一九三五）：六期生，鄂豫皖中央分局委員及省委代理書記。

**熊受暄**（一九〇三—一九三一）：三期生，鄂豫皖紅1軍政治部主任。

**金仁宣**（一九〇一—一九三二）：一期生，中共英山縣委書記。

**姜鏡堂**（一九〇二—一九三二）：三期生，紅12師政委及鄂豫皖軍委會皖西分會主席。

**姚家芳**（一九〇〇—一九三三）：五期生，任鄂豫皖紅74師師長。

**李載浦**（一八九六—一九三三）：六期生，紅四方面軍川東獨立1師政治部主任。

**唐伯壯**（一八九九—一九二九）：武漢分校科員，紅軍川東游擊軍第一路黨代表。

**張鵬翥**（一九〇二—一九三〇）：五期生，任宣、達、城、萬四個縣行動委員會委員及3支隊支隊長。

## 拾貳、參與創建廣東東江、瓊崖紅軍的黃埔英烈

**董　朗**（一八九九—一九三二）：一期生，廣東海陸豐2師師長兼4團團長，東江特委軍委委會。

**陳永芹**（一八九九—一九二七）：三期生，瓊崖特委委員及工農討逆軍前敵總司令，瓊崖紅軍早期創建者之一。

**梁錫祜**（一九〇三—一九四一）：一期生，廣東東江紅11軍參謀長。

**吳振民**（一八九八—一九二七）：二期生，工農革命軍2師副師長。

**李振亞**（一九〇八—一九四八）：南寧分校二期生，瓊崖縱隊第一副司令員。

**劉光夏**（一九〇四—一九三〇）：潮州分校二期生，興寧縣委書記及東江紅50團團長。

**嚴風儀**（一八九六—一九三二）：一期生第四隊副隊長，瓊崖紅軍中路總指揮。

## 拾參、參與創建陝北、陝甘紅軍根據地的黃埔英烈

**唐　澍**（一九〇三—一九二八）：一期生，陝北軍委書記，西北工農革命軍總指揮及游擊第一支隊總指揮。

**王泰吉**（一九〇六—一九三四）：一期生，西北抗日義勇軍總司令及陝甘邊區工農紅軍游擊隊總指揮。

**劉志丹**（一九〇三—一九三六）：四期生，西北工農革命軍軍事委員主席、陝北特委軍委書記、紅軍第28軍軍長。

**榮濯義**（一九〇七—一九三二）：四期生，任陝甘寧游擊隊指導員。

## 拾肆、參與創建贛東北紅軍和根據地的黃埔英烈

**劉疇西**（一八九七—一九三五）：一期生，閩浙贛軍區司令員兼紅10軍軍長。

**鄒　琦**（一九〇五—一九三五）：五期生，閩北獨立師政委及贛東北省軍區參謀長。

**蕭　韶**（一九〇三—一九三四）：四期生，贛南特委書記及贛東北省委宣傳部

長。

**曹仰山**（一九〇七—一九三五）：長沙分校學員，閩浙贛紅五分校教育長及紅10軍團參謀長。

**徐　德**（一九〇四—一九三五）：四期生，江西贛東北紅軍師長。

**羅　英**（一八九八—一九三四）：二期生，紅10軍獨立團政委及紅軍第五分校副校長。

**張源健**（一九〇三—一九二八）：二期生，贛北工農紅軍游擊隊大隊長。

## 拾伍、參與龍州、百色起義及創建左右江紅軍的黃埔英烈

**李隆光**（一九〇〇—一九三一）：一期生，紅7軍前敵政委及20師師長。

**宛旦平**（一九〇〇—一九三〇）：四期生，紅8軍參謀長兼2縱隊司令員。

**唐　克**（一九〇三—一九三〇）：三期生，參加龍州起義任紅8軍軍事政治學校大隊長。

**劉　健**（一八九九—一九三〇）：一分校（南寧）學員，百色起義任紅7軍司

令部副官處長。

**甘湛澤**（一九〇六—一九三〇）：一分校學員，龍州起義任紅8軍總參議兼軍政學校校長。

**何子礽**（一九〇五—一九三〇）：一分校一期學員，百色起義任紅7軍團長。

**何　昆**（一九〇三—一九三一）：原名以昴，一分校學員，在廣西教導總隊參加百色起義。

**蘇松甲**（一九〇六—一九三八）：一分校學員，龍州起義任紅8軍軍部副官。

**唐　浚**（一八九六—一九三四）：一分校學員，龍州起義任紅8軍參謀處長。

**黃餌日**（一九〇二—一九三四）：一分校學員，百色起義任紅7軍軍團長。

## 拾陸、參與創建八路軍、新四軍與抗日根據地的黃埔英烈

**左　權**（一九〇五—一九四二）：一期生，太行山八路軍總司令部副參謀長。

**袁國平**（一九〇六—一九四一）：四期生，任新編第4軍政治部主任。

**馮達飛**（一八九九—一九四二）：一期生，新四軍教導總隊總隊長。

**謝光亞**（一九〇五—一九四三）：三期生，新4軍4師9旅26團參謀長。

**趙振亞**（一九一二—一九四二）：13期生，冀中軍區15大隊參謀長及23團團長。

**牛萬全**（一九〇五—一九四〇）：4期生，山西決死2縱隊獨立2旅參謀長。

**謝　鑫**（一九〇五—一九四七）：四期生，新四軍7師代理參謀長。

**朱　程**（一九一〇—一九四三）：六期生，八路軍晉察冀第一、五分區司令員。

**王明恕**（一九〇一—一九四〇）：三期生，八路軍參謀長、支隊長、旅長。

**徐楚光**（一九〇九—一九四八）：六期生，抗日軍政大學總校參謀教官。

**鐘蛟蟠**（一八九九—一九三九）：六期生，八路軍**115**師獨立團宣傳科長及晉察冀軍區政治部宣傳部副部長。

**張友清**（一九〇四—一九四二）：六期生，北平市委書記、天津市委書記、中央北方局秘書長、八路軍前方總指揮部秘書長。

## 拾柒、參與創建東北抗日聯軍的黃埔英烈

**趙尚志**（一九〇八—一九四二）：四期生，抗日聯軍3軍軍長。

**趙一曼**（一九〇五—一九三六）：武漢分校女生隊，東北抗聯3軍2團政委。

**楊　林**（一八九八—一九三六）：朝鮮人，黃埔教官，滿洲省委軍委書記，東北抗日聯軍創始人之一。

**李秋岳**（一九〇一—一九三六）：朝鮮人，楊林之妻，武漢分校女生隊，任延（壽）方（正）特別支部書記，協助東北抗聯創始人之一。

## 拾捌、參與創建中共地方黨組織的黃埔英烈

**陳潭秋**（一八九六—一九四三）：武漢分校教官、任滿洲、福建省書記。

**熊　雄**（一八九二—一九二七）：軍校政治部主任、廣東區委軍事部長、黃埔軍校黨團書記。

**劉　雲**（一九〇四—一九三〇）：一期生，任中共長江局委員兼軍委參謀長。

**蔣先雲**（一九〇二—一九二七）：一期生，湖北省委軍委委員。

**江震寰**（一九〇四—一九二七）：一期生，中國社會主義青年團天津地委組織部部長。

**傅維鈺**（一九〇一－一九三二）：一期生，中共上海中央局軍委書記。

**高文華**（一九〇八－一九三二）：三期生，重建中共無錫縣委。

**鄭　足**（一九〇五－一九二七）：四期生，省港罷工委員會工人糾察隊中隊長。

**冷啓英**（一九〇一－一九三九）：六期生，沛縣縣委書記。

**孫耀宗**（一九一〇－一九三一）：五期生，淮鹽特委軍委書記。

**王屛周**（一九〇〇－一九三〇）：軍校入伍生，永嘉縣委書記。

**曹素民**（一九〇一－一九三〇）：三期生，浙江省委常委兼杭州市委書記。

**季步高**（一九〇六－一九二八）：四期生，廣州市委書記。

**于以振**（一九〇四－一九三六）：四期生，上海南市區委書記。

**劉渭西**（一九〇四－一九三二）：六期生，懷寧安慶中心縣委書記。

**陳平山**（一九〇四－一九三一）：五期生，泉州特委軍委書記。

**江德賢**（一九〇〇－一九三〇）：六期生，泉州縣委書記。

**田　泗**（一九〇二－一九二九）：五期生，山東省委軍事特派員。

**褚方珍**（一九〇二－一九三九）：六期生，壽光中心縣委書記。

**王寅生**（一九〇五－一九二八）：四期生，山東省執行委員會委員。

**周邦采**（一九〇二—一九二八）：三期生，中央長江局軍事特派員。
**黃文慶**（一九〇五—一九三一）：四期生，新野縣委書記。
**楊松柏**（一九〇一—一九三一）：六期生，洛陽中心縣委委員、許昌中心縣委委員。
**李鳴岐**（一九〇五—一九三一）：四期生，河南省委宣傳部部長。
**李亞聲**（一九〇三—一九三〇）：黃埔政治訓練班學員，谷城縣委書記、漢口區行動委員會秘書長。
**李兆龍**（一八九八—一九二八）：軍校政治教官，石首中心縣委書記。
**陳香波**（一九〇〇—一九三〇）：六期生，江陵縣委書記。
**魏亮生**（一九〇四—一九二八）：四期生，漢陽縣委書記。
**毛簡青**（一八九一—一九三一）：軍校政治教官，平江縣委書記。
**胡　筠**（一八九八—一九三四）：六期女生隊，平江縣蘇維埃政府主席、湖南省蘇維埃政府委員。
**邱育之**（一九〇五—一九三一）：三分校（長沙）學員，安鄉縣委書記。
**汪毅夫**（一九〇三—一九三二）：四期生，鶴峰中心縣委書記及紅軍16團團長兼政委。

**王　屋**（一九〇六—一九三二）：六期生，長沙中心市委領導人。

**余少杰**（一九〇七—一九二七）：三期生，廣西恩（隆）奉（儀）特支書記及廣西特委委員。

**孫成達**（一九〇五—一九三〇）：二期生，瓊崖特委候補委員、委員。

**陳致訓**（一九〇三—一九三二）：四期生，瓊山縣委書記。

**霍粟如**（一九〇六—一九三〇）：四期生，彭水特支書記。

**張朝宜**（一九〇一—一九二八）：四期生，華北區軍委書記。

**霍步青**（一九〇二—一九三三）：四期生，中央組織部秘書長、中央江西分局巡視員。

**陳雲庵**（一九〇二—一九三五）：六期生，川東軍委書記、萬縣縣委書記。

**田伯謙**（一八九八—一九四九）：五期生，一九二九年經吳玉章介紹加入共產黨，長期為黨從事地下鬥爭。

**劉道盛**（一八九八—一九三一）：四期生，上海市兵委書記。

**高伯禮**（一八九六—一九三三）：四期生，滎縣縣委書記、自貢中心縣委書記。

**楊　滔**（一九〇六—一九三〇）：四期生，在四川從事兵運工作。

**李鳴珂**（一八九九—一九三〇）：四期生，四川省委軍委書記。

**向鎮清**（一九〇八—一九三一）：六期生，在上海中央組織部工作。

**劉自立**（一九〇五—一九二七）：六期生，參與領導玉田暴動後任京東工農革命軍參謀長。

**黃子文**（一九〇六—一九四七）：六期生，陝西省委後補委員、渭北革命委員會主席。

**劉林圃**（一九〇三—一九三二）：三分校（長沙）學員，陝西省委秘書長、軍委書記、組織部部長。

## 拾玖、參與創建國民黨軍內中共黨組織的黃埔英烈

**宣俠父**（一八九九—一九三八）：一期生，國民黨25路軍總指揮部總參議。

**李之龍**（一八九七—一九二八）：一期生，國民政府海軍局政治部少將主任代理海軍局局長。

**張隱韜**（一九〇二—一九二六）：一期生，國民革命軍2軍4旅副旅長。

**麻　植**（一九〇五—一九二七）：二期生，東征軍指揮部宣傳科科長。

**蔡鴻猷**（一八九七—一九二八）：二期生，國民革命軍連黨代表。

**宋綺雲**（一九〇四—一九四九）：六期生，第4集團軍總司令部高級參謀。

**朱建國**（一九一八—一九四八）：六分校（桂林）15期生，11戰區司令長官部參謀處代理作戰科長。

**劉　冰**（一九〇六—一九三一）：六期生，國民黨軍隊兵運特派員。

**孫大安**（一九〇六—一九三二）：六期生，26路軍3師17團少校團附兼2營營長。

**鄭寶鐘**（一九〇七—一九三〇）：三期生，陸軍75師參謀處處長。

**閻普潤**（一九〇六—一九三八）：四期生，新編20師中共地下軍委書記及116師498旅第995團團長。

**藍文勝**（一九〇五—一九三三）：五期生，南京憲兵第3團副官及中共南京地區特別支部書記。

**文紹珍**（一九〇八—一九三一）：四期生，被黨組織派遣考入黃埔8期兼做秘密兵運工作。

**劉際舟**（一九〇四—一九二九）：四期生，在中共江蘇省委軍委書記彭湃領導下從事國民黨兵運工作。

**陳志仁**（一九〇六—一九二八）：四期生，國民革命軍第 4 軍政治部組織股股長。

**楊法震**（一九〇五—一九三八）：六期生，入楊虎城部做中共地方工作並任楊部 17 師 102 團副團長。

**朱　亮**（一九一八—一九四九）：10 期生，甘肅省保安四團 2 營少校營長，秘密策動所部起義。

黃埔軍校一到六期畢業生，總數為一萬零六百五十一人。（按筆者著《廣州黃埔到鳳山黃埔》（台北：文史哲出版社，二〇二三年八月，見第二章）。依北京《黃埔》雜誌二〇二一年第 4 期，曾慶榴〈共產黨人在黃埔軍校〉一文，黃埔一到六期有共產黨員六百一十三人（學生 543 人、教職 70 人）。

# 第六章 一入黃埔門終生黃埔人

## 壹、北京《黃埔》雜誌二〇二一年第5期文章主題

**特別策劃：新冠疫情湖北保衛戰中的黃埔親屬**

〈社區一線戰疫情、為民解憂踐初心〉

〈擼起袖子加油幹、凝心聚力再出發〉

〈並肩戰「疫」的醫護夫妻：黃埔三代熊世紅、龔娜的抗疫故事〉

〈當好一名發熱門診的護士〉

〈逆行一線的基層抗疫先鋒：貴夏敏〉

〈那個終沒有再見的卓君

〈手機戰新冠〉

## 黃埔論壇、兩岸時評與軍事天地

十四屆黃埔論壇〉

鄭建邦，〈發揚紅色傳統與愛國革命的黃埔精神，共同致力於祖國統一和民族復興：在第十四屆黃埔論壇上的致辭〉

譚天星，〈傳承黃埔精神、促進祖國統一：在第十四屆黃埔論壇上的致辭〉

陳知庶，〈發揮黃埔特殊優勢、矢志踐行初心使命：在第十四屆黃埔論壇上的致辭〉

彭韜，〈民進黨當局是台灣疫情延燒的罪魁禍首〉

李晗雪，〈更和諧的人與自然、更美好的人居生活：記西藏生態建設與環境保護70年〉

吳亞明，〈二〇二一年六—七月海峽兩岸大事記〉

石稼，〈起底強刷存在感的英國「伊麗莎白女王號」航母〉

米銀軍，〈許歷農伯伯與我的二三事〉

## 人物春秋與黃埔歷史

陳予歡，〈包惠僧與黃埔軍校〉

高林，〈一位抗美援朝鐵道兵的黃埔人生：記貴州省黃埔軍校同學會副會長吳弘毅〉

曾建華，〈記我的祖父曾昭鵬〉

趙遠哲、蒲元，〈黃埔師生筆下的長征〉

單補生，〈漫話黃埔軍校之國術教官〉

賈曉明，〈一九二六年四月十一日，蔣介石邀請段錫朋到黃埔軍校為師生演講〉

熊子杰，〈你不知道的台灣：兩岸應知道的台灣歷史故事〉

在北京《黃埔》雜誌二〇二一年第4期，有丁嘉民、陳敬安、吳道華三位黃埔前輩，在本章補述。最後的吳弘毅和曾昭鵬二位黃埔前輩，則是第五期人物。

## 貳、中國遠征軍抗日英烈丁嘉民

丁嘉民（一九一八—一九四四）

原籍：山東省濰縣

黃埔16期步科

參加：南京保衛戰、淞滬會戰、桂南會戰等。

一九四四年六月在龍陵戰役犧牲。

丁嘉民，號德興，字德新，一九一八年六月十三日，出生在山東省濰縣東鄉丁家油房村，（今為濰坊高新區清池街道丁家社區）。一九三七年，丁嘉民就讀的萊陽師範被日軍轟炸而停辦，他立即投入抗日救亡中。

一九三七年八月十五日,他就到黃埔軍校教導總隊一團2營5連擔任少尉排長，年底更參加了南京保衛戰。一九三九年二月，他考入黃埔四分校（廣西宜山），成為黃埔16期步科生。畢業後分發到軍政部第33補訓處一團二營4連少尉排長，次年升中尉排長。

一九四三年二月一日，丁嘉民調任第9師司令部上尉參謀，半年後任9師25團機槍連連長，年底接任該團副營長。一九四四年六月，在龍陵戰役中英勇犧牲，他一生中參加過幾場重要戰役。

參加淞滬會戰。一九三七年十月廿五日，教導總隊一團2營為先遣支隊（丁嘉民為2營5連排長），由營長索本勤率領，星夜經蘇嘉線開到八字橋。教導總隊以兩個團兵力，在此與日軍激戰三天三夜，給日軍造成極大傷亡，十一月上旬奉命撤退回到南京。

參加南京保衛戰。丁老所在1團2營先在南京負責重點工事構築，任務完成後駐防麒麟門和亂石崗。一九三七年十二月八日，丁老所在的2營5連與日軍爆發激戰，直到十一日下午，接到總隊長桂永清手令，全部撤退到煤炭崗渡江。

參加桂南會戰。一九三九年十二月四日，日軍攻佔昆侖關，桂南會戰開打。一九四〇年二月，黃埔四分校師生奉命編成第一六〇軍，下轄2個師，丁所在的第9總隊（16期一年班）為一個師，17期兩個總隊加華僑大隊和練習營組成另一個師。校主任韓漢英兼任軍長，全軍開到廣西忻城一帶參加會戰，一個多月才奉命返校。

中國遠征軍先遣強渡怒江，搶建灘頭陣地。一九四四年五月開始，遠征軍第11集團軍在怒江西岸對日軍33軍發起攻勢作戰，第9師副師長陳克非奉命率一加強團兵力，組成「怒西游擊指揮部」，掩護大軍渡江。第76師二二八加強團和以丁嘉民為副營長的9師25團2營，及工兵防砲運輸連等編成先遣隊，渡江後對平戛街內日軍進攻，順利建立灘頭陣地，大軍得以順利渡江。

在平戛戰鬥中，陳克非率領的76師加強團並配屬丁嘉民任副營長的9師25團2營，由71軍88師胡家驥師長統一指揮，會攻平戛。戰鬥持續十五天，到一九四四年五月底，占領青木嶺、馬鹿塘、三村、小寨等據點，形成對遠征軍有利之態勢。

參加龍陵戰役的象達追擊戰，壯烈殉國。象達有日軍一四六聯隊永田中隊約三百多人。一九四四年六月七日開始進擊象達，到六月廿六日收復象達，丁嘉民在此戰中，壯烈殉國。

「青山處處埋忠骨，何須馬革裹屍還」。現在雲南省龍陵縣象達鄉象達村董家坟後山，仍有十八座墳墓，當地梅立順老人回憶，是長眠著當年25團18名將士（丁嘉民可能在其中）。

丁嘉民18歲投入抗日救亡之民族大業，最後戰死異鄉，他的事蹟家人都不太清楚。他的三個孫子丁文國、丁文慶、丁文東和孫女丁愛花，從二〇一八年開始奔走於北京、南京、廣州、昆明、騰衝和台灣各相關部門，才找回「丁嘉民戰史」。

李國強、呂永岩〈遠征：記中國遠征軍抗日英烈丁嘉民〉一文，得以寫成發表，得力於有足夠史料文獻。在我中華民族危難之秋，無數個「丁嘉民犧牲」，才換取中國不亡，我們現在才有織「中國夢」的機會，現在年輕輩的中國人們，你說是不是？

## 參、廿六歲壯烈殉國的陳敬安烈士

陳敬安（即陳鴻翥）（一九一一—一九三七）

原籍：湖南湘陰

黃埔六期

南京保衛戰時在光華門壯烈犧牲

陳敬安，也叫陳鴻翥，別號鏡萍，為革命烈士陳毅安之弟。一九一一年六月，出生在湖南省湘陰縣界頭鋪（今改金龍鎮），在堂兄弟中排行第五，人稱「敬安五爺」，從小過繼給他五叔陳梓村為子。

一九二六年他高小畢業，他父親安排他務農。但他受到當時革命思想的影響，他的大哥陳秩常是中共黨員，曾任陳嘉佑師長秘書；他的二哥陳毅安是黃埔4期，中共黨員又是高級將領。在這個環境下成長的陳敬安，就不可能乖乖的去種田了。

在他兩個哥哥鼓勵下，他立志要為國家幹一番事業。

一九二六年七月，他的兩個哥哥和堂兄陳嘉佑（時為國軍第2教導師師長）皆來信，要陳敬安去投考黃埔軍校。同年十月，在堂兄陳嘉佑極力推薦下，未達入學年齡的陳敬安被破格錄取，成為黃埔6期生，編在入伍生2團（團長李亞芬）1營（營長羅子賓）。

一九二九年五月，陳敬安畢業分發在87師二五九旅五一七團。之後歷任了少校營長、團附、中校補充營營長等職。一九三七年十二月，南京保衛戰開打，陳敬安率所部奉命守光華門外的石門坎和海福巷口陣地。

關於南京保衛戰的結果，就是南京淪陷，小日本鬼子在南京大屠殺，這是中國人永遠的痛，遲早必須血債血還，以核武消滅倭人，使其亡族亡種亡國，是筆者一向主張，可詳見筆者《日本問題終極處理》一書，或《日本將不復存在》一書。

日軍以優勢兵力和火力進攻南京，陳敬安率所部在光華門城下，與日軍進行白刃戰，終因寡不敵眾，壯烈犧牲在南京光華門城下，時年才廿六歲。後國民政府追認為抗日烈士，一九八五年六月廿八日，中華人民共和國也追列為革命烈士。

張戰在〈追憶我的姥爺陳敬安烈士〉一文，也提到姥爺和姥姥（麓溪），一九三五年在南京結婚，育有一兒一女。姥姥一九一二年生，學名方麓溪，一九四九年因緣際會去了台灣，她晚年很想回到故鄉，遺憾因病未能成行，這是動亂時代的悲歌。

## 肆、百歲黃埔抗戰老兵吳道華的傳奇人生

吳道華（一九二一—二〇二一）

黃埔19期步科

原籍：貴州省爐山縣、苗族。

蔣公親授「中正劍」

痛殺小日本鬼子的「征糧隊」

吳道華，一九二一年出生在貴州省凱里市（原爐山縣）舟溪鎮黃金寨一戶苗族農家。一九四一年，在貴陽考取黃埔軍校，他和一群新生從貴陽徒步走到成都，歷

時一個多月，終於走入成都本校大門，成為黃埔19期第一總隊的步科生，一九四二年春夏陸續入伍開學。

一九四五年春，為配合國軍總反攻，19期奉令四月十四日提前舉行畢業典禮。吳道華以前十名優秀生之一，榮獲校長蔣公署名並親授的「中正劍」一把。他被分發到國軍第76軍一三五師（後整編成76師一三五旅）軍部，任見習參謀，不久接任四〇四團的排長。

到一九四五年，小日本鬼子已近彈盡援絕，連糧食沒了。吳道華所在的部隊，分散在湖北宜昌、沙市一帶鄉鎮，主要是伏擊到鄉鎮「征糧」的日本兵。有一回，老百姓報告，有一小股日軍要進村「征糧」，吳道華率部伏擊，約來了一個班幾乎被全殲。清理戰果，吳排長高興的說：「殺得好過癮，日本鬼子死了八個。」

又有一天中午，他們在一處山路發現十個「征糧」的鬼子，因沒有征到糧，搶走百姓的山羊。他們設伏襲擊，也幾乎全殲，像這樣痛殺小日本鬼子的「征糧隊」，吳道華回憶，他們至少幹了二十多次。壯哉！偉哉！吳排長率部至少斬殺上百頭小日本鬼子！

一九四七年三月，吳道華所在的一三五旅（原一三五師），進攻陝甘寧邊區並到延有，因病送西安醫院。出院後他回成都本校當教官，年底派往北平傅作義部，負責基層幹部訓練工作。在北平期間，他成為中共「渤海軍區」城工部的地下工作者。

他後來為「起義」工作做了不少貢獻，一九四九年的下半年，他回到老家凱里、舟溪、丹寨、南皋等地，招募青年八十多人，成立「貴州省第七專署青年工作大隊」，自任少校大隊長。十二月，他率領大隊在丹寨、南皋起義，不得不說，真是吳道華傳奇了！

新中國成立後，他曾任普安縣民政科科長，一九八三年在平壩縣民政局退休，之後回家鄉凱里定居。一九八八年，貴州黃埔軍校同學會成立，他擔任理事兼黔東南州地區黃埔同學聯絡組長。

在北京《黃埔》雜誌二〇二一年第4期，駱大仁〈我的風雨人生〉一文，也提到他父親駱德敬出自黃埔高教班，一九四九年升任原新12軍少將高參。同年十二月廿二日，在解放軍60軍引導下，新12軍通電起義。

在龔玉和〈富陽黃埔同學口口稱頌的「堂倌」〉一文，講的是黃埔二代王江龍年過七旬，仍熱心為黃埔同學會工作。王江龍的父親王中領（一九一七—二〇一五，浙江富陽人），也是黃埔19期，參加過淞滬會戰、富陽景山阻擊戰、浙贛會戰等，親歷過日軍受降儀式。

## 伍、抗美援朝鐵道兵吳弘毅的黃埔人生

吳弘毅（一九二二—

原籍：湖南省華容縣

黃埔19期

抗美援朝擔任鐵道兵

吳弘毅，一九二二年農曆八月初七，出生在湖南省華容縣一個貧窮的農家。一九三九年時，聽聞中國人民抗日大學在湖北武漢招生，他和五個同鄉相約前往，不久因日軍攻佔沙市，報考抗大成了泡影。

他回家不久又打聽到同學劉德海在貴陽防空砲校受訓，他決心步行去找他。一九三九年九月，途經湖南沅陵時，正好遇到防空砲校41團駐防沅陵，他便在沅陵入伍，成為防空學校高射砲41團5營的一名士兵。但他的理想是進一步考黃埔軍校，

在41團駐守貴陽照壁山（又叫相寶山，有著名佛寺）期間，他公餘都在努力準備功課。

一九四二年二月，黃埔軍校在貴陽招生，吳弘毅順利考取，也是經一個多月從貴陽走路到成都，才走進成都本校大門，成為黃埔19期輜重科2總隊的新生。一九四五年四月畢業，他留校擔任教官，一九四八年又考入四川大學，一九四九年底當副營長的他隨軍校起義。

新中國成立後，他參與修建成渝鐵路，此後二十多年，他一直傾情於所鍾愛的中國鐵路建設事業。一九五三年參加抗美援朝，他任鐵道兵第6師師部工程科參謀，他們主要在修建或維護鐵路，保障前線部隊的物資運輸或兵力轉運的安全。

回國後，他參加了修建寶成鐵路，搶建黎（塘）湛（江）、鷹（潭）廈（門）等鐵路。一九五四年，隨鐵六師到貴州修建滇黔鐵路，從此留在貴州。一九八四年退休後仍在民間工程單位當顧問，八十多歲才回家休息。

晚年的吳弘毅積極參加黃埔軍校同學會，他積極和在台同學聯繫，促進黔台交流。二〇〇二年當選貴州黃埔同學會理事，二〇〇五年擔任副會長，之後更獲頒抗戰70周年紀念章等多項榮譽。

《黃埔》雜誌二〇二一年第5期，高林文章發表之時，吳弘毅已近百歲，四代同堂。他生活規律，身體也仍健康，每天看書看報看電視，願老大哥快樂健康！

## 陸、曾建華〈記我的祖父曾昭鵬〉

曾昭鵬（一九一一—一九六六）

原籍：江西省永新縣

洛陽分校（後改第一分校）軍官訓練班3期步科

陸軍大學8期

淮海戰役被俘，後回家務農。

曾建華的文章第一句說，「我出生時，爺爺已經離世12年，家裡連他的照片也找不到。」爺爺的黃埔史話家人就更不清楚了。幸好有他堂哥曾建林遍訪各有關檔案館和羅卓英後人等，以及二〇二〇年找到爺爺親筆寫的自傳，這位抗日英雄的事跡得以流傳後世」。

曾昭鵬，字翼中，乳名敬先，一九一一年出生在江西永新縣城南發關曾家村一戶耕讀人家。「九一八事變」後，他經同鄉推薦到60師師部當上士抄寫員，一九三二年淞滬抗戰，他所在的十九路軍奮起殺敵，他參加敢死隊襲擊日軍。

十九路軍後來移防福建，並被中央軍收編為第18軍。一九三四年曾昭鵬進入黃埔洛陽分校軍官訓練班第3期步科，一年多畢業後，正逢張學良來校選基層軍官，他和十多名青年一起被分發到東北軍，他到119師，不久爆發了「西安事變」。

西安事變後，一一九師調到河北正定，「在河北正定，爺爺結識了外曾祖父，幾個月的接觸讓外曾祖父對英俊正直的爺爺印象極好,決定把自己的女兒託付給他。」並於一九三七年五月成婚。不久七七事變爆發，曾昭鵬因緣際會到了60師並參加淞滬會戰。

淞滬會戰打得慘烈，羅店一戰被稱血肉磨坊，曾昭鵬所在的營長重傷被抬出陣地，曾老受命代營長，最後只剩他和八名戰士存活。一九三九年初，他在19集團軍司令部任作戰參謀，之後參加了武漢會戰、南昌會戰、長沙會戰和上高會戰等。

上高會戰被稱為「抗戰以來最精彩的一戰」。一九四一年上高大捷後，羅卓英和19集團軍司令部上校以上軍官，在司令部所在（上高翰堂圩）留下一張珍貴的合影，曾昭鵬在其中。次年他在羅卓英指導下，完成《上高抗日》一書，寫完後他進了陸軍大學西南參謀班8期。

勝利後不久又爆發內戰，曾昭鵬在18軍11師18旅任上校參謀，一九四七年七月，11師參與進攻晉冀魯豫根據地遭到失敗。後18旅擴編升格，旗下包含114旅，由曾昭鵬任旅參謀長，準備開打淮海戰役。

淮海戰役（國民黨方面稱徐蚌會戰），由18、14、85和10軍組成第12兵團（黃維任總司令）。最終在一九四八年底兵敗雙堆集，曾昭鵬和許多高級將領，都成了解放軍的俘虜，被送去解放軍教育團重新學習。十個月學習改造後，曾昭鵬選擇回家務農，於一九六六年謝世。

# 第七章　〈黃埔校歌〉戴季陶到陳祖康及其他

幾乎所有黃埔人唱了一輩子校歌，並沒有去注意校歌的有關作者和歷史沿革。在北京《黃埔》雜誌二〇二二年第一期，陳宇在〈〈黃埔校歌〉詞作者的創作心路與人生路〉一文，讓黃埔人們發現以往所不知道的事。

## 壹、北京《黃埔》雜誌二〇二二年第一期文章主題

### 特別策劃：黃埔精神之當代闡釋

林上元，〈祖國尚未統一、黃埔人仍須努力〉

陳知庶，〈繼承黃埔精神，為祖國統一、民族復興而奮鬥〉

陳宇，〈中國共產黨人與黃埔精神的締造〉

周紹英（黃埔21期生），〈黃埔精神、我之淺見〉

海澤龍，〈論黃埔精神〉

## 黃埔情事、兩岸縱橫與軍事天地

邊強，〈情繫黃埔，奉獻祖國統一大業：對習近平總書記在黨的19屆六中全會上的講話和全會精神的體認〉

吳亞明，〈海峽兩岸大事記二〇二一年十月—十一月〉

石稼，〈解碼俄羅斯「庫茲涅佐夫」號航空母艦〉

李北蘭，〈大愛無疆：憶與郭汝瑰將軍的二三事〉

林開倫，〈胡為真西昌尋父足跡〉

## 人物春秋、黃埔校歌與黃埔人生

蒲元，〈抗日戰爭與抗美援朝戰爭中的宋時輪〉（下）

陳宇，〈〈黃埔校歌〉詞作者的創作心路與人生路〉

李平華，〈記黃埔百歲老兵毛洪群〉

宋生春，〈朱家璧將軍與雲南省黃埔軍校同學會〉

李石，〈我所認識的黃埔老人李甦〉

顧少俊，〈赤子情懷：黃埔抗戰老兵江厚昌在抗洪救災中〉

歐陽維，〈投筆從戎熱血抗戰：憶黃埔抗戰老兵我的父親田申〉

裴琦，〈水遙山遠謾相思：憶我的爺爺裴鴻漢〉

## 黃埔歷史和軍史擷英

方西峰，〈愛國主義千秋永存：析黃埔教官方鎮中編輯的教材《總理遺教》〉

楊靈統，〈神秘的「失業」黃埔生軍官團〉

單補生，〈我珍藏的武岡軍分校石印教材〉

于岳，〈黃埔軍校15期一總隊中鮮為人知的空軍同學〉

賈曉明，〈一九二六年四月十四日，惲代英到黃埔軍校發表題為《革命之障礙》講演〉

王曉平，〈震驚世界的莫斯科保衛戰〉

熊子杰，〈你不知道的台灣：兩岸應知道的台灣歷史故事〉

## 貳、〈黃埔校歌〉從戴季陶到陳祖康

戴季陶（一八九一—一九四九）
原籍：浙江吳興（出生於四川廣漢）
〈黃埔校歌〉詞作者（第一代）
陳祖康（一九〇四—一九七九）
原籍：福建漳平
〈黃埔校歌〉詞作者（第二代）

一九二六年十一月十五日，黃埔5期生在廣州黃埔軍校大操場上，舉行開學典禮。大會除了黨政要員致詞外，還有少校教官陳祖康的慷慨激昂演說，他本任教於法國西方工學院，半年前應軍校政治部副主任熊雄的邀請，回到黃埔軍校任教，主講帝國主義課程。

黃埔5期的開學典禮大會程序有18項內容，其中之一是「唱校歌」。這時的黃埔校歌是一九二四年時，由軍校政治部主任戴季陶作詞，在5期開學典禮的同一天，軍校也出版了《黃埔日刊》，日刊上也登載了戴季陶作詞的校歌，共有四段七十二字：

莘莘學子，親愛精誠
三民主義，是我革命先聲

革命英雄，國民先鋒
再接再厲，繼續先烈成功

同學同道，樂遵教道
始終生死，毋忘今日本校
以血灑花，以校作家

## 臥薪嘗膽，努力建設中華

這首校歌老校長將公在5期以前，多次在全校大會上帶頭唱。但軍校師生普遍不喜歡這首校歌，原因是段落太多，同學很多記不住，常有唱錯段落，曲調不夠雄壯，韻律不流暢，詞和曲也有所不合，有時候唱起來更像是唱催眠曲，與激昂的大會氣氛完全不合。

負責軍校政治教育的熊雄，看到也了解這一切，他為師生高昂的熱情而高興，也為缺少一首好校歌感到遺憾；特別是舉行全校大型活動，必須有好校歌才能調動青年學生的情緒。於是，重新創作一首新校歌，成為包括熊雄、陳祖康在內軍校師生的想法，也給負責政治教育的熊雄改變的決心。

就在5期開學典禮後一個月，一九二六年十二月十四日，軍校任命政治部副主任熊雄為政治部代主任，全面負責軍校政治工作，他特別邀請老友陳祖康為軍校創作新校歌。他創作的新校歌流傳至今，到底陳祖康是何許人？

陳祖康，字紹文，號宜安，福建漳平菁城人，一九〇一年出生在一個殷富的書香世家。一九一九年赴法國朗德城烏靈大學工學院勤工儉學，同時在巴黎聖日耳曼公學補習法語，熊雄也在同校學法語而認識。一九二五年九月，熊雄回國任職於黃埔軍校。

由於熊雄的邀請，陳祖康於一九二六年春回國，到黃埔軍校任教，他的激情風格如他創作的新校歌，很快在軍校名聲大振。由他所創作的〈黃埔校歌〉第一次面市，是首登在一九二七年元月十九日的《黃埔日刊》上：

怒潮澎湃，黨旗飛舞，
這是革命的黃埔！
主義須貫徹，紀律莫放鬆，
預備做奮鬥的先鋒。
打條血路，引導被壓迫民眾；
攜著手，向前行，路不遠，
莫要驚！
親愛親誠，繼續永守，
發揚本校精神！

## 發揚本校精神！

後來發揚「本」校改「吾」校，據說「本」和「笨」音近，容易被誤聽成「發揚笨校精神」，再者「吾」有「我們」集合體的含義。這首歌詞不分段，一氣呵成，朗朗上口，意境高遠，雄壯有力，很快得到師生普遍的喜愛，熊雄也滿意，下一步是譜曲。

熊雄把譜曲的任務，交給也在軍校裡的音樂教官林慶梧，他畢業於廣東大學音樂系，和陳祖康同歲。一九二七年元月十九日，《黃埔日刊》刊出了這首〈黃埔校歌〉，很有氣勢，前奏一響就振奮人心！

從最早刊登的《黃埔日刊》看，校歌正名是〈黃埔校歌〉，後來又有〈黃埔軍校校歌〉、〈陸軍軍官學校校歌〉、〈中央軍事政治學校校歌〉等名稱。陳祖康作詞的〈黃埔校歌〉傳唱至今，還是廣州市第六中學（黃埔軍校紀念中學）的校歌。據聞，有些企業行號的活動，也用此歌激勵團隊士氣，當然黃埔同學聚會都是必唱曲。

## 參、田漢、田申和黃仁宇

田漢（一八九八—一九六八）
原籍：湖南長沙
〈義勇軍進行曲〉詞作者
田申（田漢之子）（一九二三—二〇一二）
原籍：湖南長沙，出生在上海
黃埔16期砲科
黃仁宇（一九一八—二〇〇一）
原籍：湖南長沙
黃埔16期步科
大史學家，著有《中國大歷史》等多部名著

歐陽維在〈投筆從戎熱血抗戰·憶黃埔抗戰老兵我的父親田申〉一文，把田漢、田申和黃仁宇三人的人生故事，精彩的串連起來，深值再「轉播」。他們的故事也許已經久遠了，但歷史不會成灰，讓他們再走回現代吧！可以喚醒一些尚未清醒的年輕世代。

田海男，又名田申，一九二三年元月廿五日出生在上海。一九三七年上海「八一三」抗戰後，田申協助父親田漢、廖沫沙、張曙編輯《抗戰日報》，負責主編該報的兒童週刊《抗戰兒童》。一九三八年四月，田申組建兒童劇團並任團長，小朋友以戲劇形式宣傳抗日，並將自己創作的《中華兒童血》一劇演出收入捐給宋慶齡的婦女兒童福利會，受到國民政府軍委會政治部第三廳廳長郭沫若的表揚。

田漢在軍委會三廳任處長，田申與在《抗戰日報》當編輯的好友黃仁宇，一同到武漢向他匯報工作。恰逢黃埔軍校招生，田申和黃仁宇徵得田漢同意前往報考，一九三八年十月，他倆正式成為黃埔16期生，田申是砲科，黃仁宇步科。

一九四〇年底他倆從軍校畢業，他們一心要到前線抗日殺敵，不想留校過安定的日子。田漢找到54軍軍長陳烈，陳烈歡迎他倆，不久陳烈因病去世，田漢又找該軍14師師長闕漢騫將軍（黃埔4期）。所以田申和黃仁宇最後到了54軍的14師，送行時，田漢送他們一首詩：「風雲天地合，送汝越南行，莫負平生志，田家父子兵。」

闕師長見他們抗戰決心大，把他們分發到駐麻栗坡的42團和駐馬關的41團當排長。當時滇越邊境我軍和日軍處於對峙狀態，田申和黃仁宇建議師長，組織剛報到的16期現任排長進入越南偵察，師長同意後，他們化裝成商民出境，半個月得到很多有價值的情報。

田漢雖然把年輕的孩子們送上前線，但他的心卻一直揪著。他在《孩子的行路難》中寫到：「今日神聖的民族戰爭不能不要求每一個做父母的貢獻他們最愛的兒女……那將不僅救了他們，也救了我們主要的戰鬥力，救了抗戰，救了中國。」

一九四二年底，這兩個哥兒們竟覺得滇越邊境無仗可打，時新一軍軍長鄭洞國正在準備遠征印緬，急需參謀人員，他倆就參加了新一軍的先遣。一九四三年元月，他們到印度蘭溪，再到蘭姆伽訓練基地，建立新一軍指揮部。他們是乘飛機越過「駝峰」到印度，田申詩記：「萬里高飛越駝峰，故國回眸雲海中。遠征印緬為雪恥，生當人傑死鬼雄。」

田申和黃仁宇這倆異姓兄弟，在印緬參加不少轟轟烈烈的戰役。田申也是個作家，在戰爭年代寫了很多文章，如〈邊塞風雲〉、〈中華兒童血〉等劇本；散文如〈滇南苦旅〉、〈空襲使我們團結得更緊〉等。退休後寫的如〈瀟湘猶憶戰旗紅〉、〈憶黃仁宇〉、〈緬北之戰〉、〈反攻緬甸憶將軍〉、〈不破孟關不剃鬚〉等，後都收在《行路難》一書中。

黃仁宇更是國際知名的大史學家，和田漢、田申都有深厚的情誼，而田漢與周恩來等中共高層關係很好，田申則視周恩來、鄧穎超為指路明燈。說來他們都是中國現代史的名人，黃仁宇去世時，田申萬分心痛，寫了如下一首挽詩：

隔洋聞耗痛失君，夢魂縈繞淚沾巾。
新年甫接兄賀卡，何期永別隔死生。
瀟湘弱冠同抗敵，印緬殲倭獻青春。
兩地相思盼聚首，留待來生續知音。

勝利後田中任聶榮臻的外事翻譯，後在砲兵團任副團長。一九四九年十月一日，田申以華北軍區戰車團代團長身分，在他父親田漢作詞、聶耳作曲的新中國國歌〈義勇軍進行曲〉樂聲中，帶領官兵開著繳獲的小日本倭鬼坦克，隆隆駛過天安門，接受毛主席的檢閱。

## 肆、黃埔百歲抗戰老兵毛洪群

毛洪群（一九二二—）

原籍：廣西荔浦縣

軍需學校二分校

毛洪群，一九二二年元月一日，出生在廣西荔浦縣（今是縣級市）龍懷鄉慶雲村油榨屯，一個貧窮的農家。年輕時，他就知道自己的國家受到帝國主義的侵略，也受到當時「男兒為國沙場死，馬革裹屍骨也香」抗日英雄事跡所激勵。

一九四三年，他響應「一寸山河一寸血、十萬青年十萬兵」號召報名參軍。他被分發到第四戰區張發奎的軍需運輸第1團3營當軍需，負責管理服裝財物等。一九四四年，他考入設在桂林的軍需學校二分校，不久分校遷重慶，他編在第2期第7隊。

一九四五年三月，他畢業分發到鄭州國的第一兵站經理處，後來又在洛陽、開封等地當軍需官。一九四九年他回到老家油榨屯，往後的日子結婚了也過著清貧的日子。二〇一三年他加入黃埔同學會，他還獲得中國人民抗日70周年紀念章，他感念國家人民沒有忘記他！

如果一個民族沒有敢為這個民族獻身的英雄，這是沒有希望的民族。毛洪群雖然沒有在火線上出生入死，但在民族危亡之秋，他義無反顧挺身而出保衛國家，這就是英雄之舉，這就是黃埔精神的體現。

## 伍、組建雲南黃埔同學會的朱家璧

朱家璧（一九一〇—）

原籍：雲南龍陵縣

黃埔8期

雲南省黃埔軍校同學會首任會長

朱家璧，一九一〇年十一月，出生在雲南省龍陵縣象達鄉，他早年參加滇軍，一九三〇年考入黃埔八期。一九三八年二月，他離開滇軍，經八路軍高級參議周素園介紹，到延安轉讀抗日軍政大學。

一九四〇年九月，陳雲指派他回雲南進行革命工作，後來他一直在雲南，直到雲南解放。一九五七年，雲南省軍區成立，他擔任副司令員，為鞏固邊疆做了很多工作，對國防和民政都有貢獻。

一九八四年，黃埔軍校同學會在北京成立，同年四川省黃埔軍校同學會成立，朱家璧擔任雲南聯絡組組長，並為雲南省黃埔同學會的成立做準備工作。一九八八年，雲南省黃埔軍校同學會成立，朱家璧擔任會長，後因工作太忙，由同是黃埔8期的費炳接會長，朱家璧則被推選擔任名譽會長。

## 陸、開設「北京黃埔敬老院」的黃埔老大哥李甦

李甦（原名李寶鈞）

原籍：河南南陽

黃埔21期砲科（第七分校）

「北京黃埔敬老院」開辦人

李石在〈我所認識的黃埔老人李甦〉一文，沒有提到李甦的生年。李甦在十五歲那年，為了上前線殺幾個小日本鬼子，他報名參軍，因年紀不足，只能在孫連仲部當勤務兵。一九三八年春參加了台兒莊戰役，後來他被保送黃埔七分校21期砲科。

軍校畢業後就打起了內戰，李甦在胡宗南部的砲兵部隊當連長。大約一九四八年或一九四九年間，美國向國軍提供了一批新的無後座力砲，交付到重慶兵工廠，李甦奉命在重慶參與接收工作。誰知火砲尚未下發到部隊，重慶就解放了，這批火砲自然歸解放軍所有。

後來李甦隨軍隊在成都起義，因緣際會解放軍要用這種新火砲，在抗美援朝時打美軍坦克，李甦也就自然的成為這種火砲的訓練教官，為解放軍做了不少培訓工作，直到退休。

改革開放後，他和黃埔校友一起開辦黃埔外語教育學院、海南中醫藥大學，也經營過建材、長途運輸、開過餐廳。最後在北京南三環東路，用自己的資金開辦「黃埔敬老院」，大門兩側對聯很吸引人，左是「昔日東征北伐抗戰」，右是「當今安度幸福晚年」，上面是「北京黃埔敬老院」。

## 柒、顧少俊〈黃埔抗戰老兵江厚昌在抗洪救災中〉

江厚昌，揚州人
黃埔16期生

顧少俊這篇文章，只寫到江厚昌在一九九一年時，他在抗洪救災的工作精神，「他捨小家，保大家，日夜工作在一線。」其他只提到黃埔16期，對他的軍職經歷都沒有提到，很可惜！每個黃埔人在抗日年代，都曾經有過一段人生中最精彩的故事。

我查《黃埔16期同學錄》，確有「江厚昌」這位老大哥，是通信兵科，登記的原籍是「蘇儀徵」。查「儀徵市」，在我國江蘇省中西部，南京和揚州之間，由揚州市代管，是石化工業城。

顧少俊的文章提到，二〇一五年的有一天，江厚昌接到從台灣寄來的一本書《從士兵到將軍》，作者是歐陽禮（也是黃埔16期）。在該書寫到，長沙會戰期間，劉剛（16期）深入敵區偵察，不幸被俘，更不幸是被自己的中國人當漢奸出賣，被日本鬼子折磨至死也不說出任何情報，當時劉剛的軍銜已是少校了。

這幾十年來，我深入研究並寫了很多中國近現代史的著作。有一個問題在我心中始終是「疑惑」，甚至是「無解」的習題，就是「我們中國人的漢奸為什麼特別多？」從太平天國、八國聯軍、抗日到現在，當「漢奸」的還是非常多！被美國收買的，被日本收買的……為一點錢就出賣了自己，出賣了國家民族的利益，為什麼？

前面提到黃埔16期歐陽禮著《從士兵到將軍》一書，正確的書名是《我的奮鬥：從小兵到少將師長》，由台北市文史哲出版社於二〇〇二年出版。該書厚達一千一百多頁，是歐陽禮一生詳細的回憶錄，更是一個大時代的個人小歷史，為國家民族的存亡大歷史做見證。

## 捌、裴琦〈水遙山遠謾相思：憶我的爺爺裴鴻漢〉

裴鴻漢（一九一九—）
原籍：河南省延津縣
黃埔二分校17期步科

孫輩寫回憶祖輩的文章，通常時空環境很難把握到正確與完整，除非祖輩生前有清楚交待，或留下自己的文獻史料等（如著作、日記）。否則，除了大有來頭的大人物，一般小人物或不太出名的人，兩腿一蹬走了，後人多不知其詳，過百年如同沒有來過這個世界！

裴琦在文章中說到，裴鴻漢在校時間是「一九三九年十一月到一九四一年六月」。按史料（《黃埔軍校分校史料匯編》），黃埔二分校17期有四個總隊，開學和畢業時間都不同，但都在一九三九年十一月到一九四一年十二月間。

裴鴻漢，一九一九年九月，出生在河南省延津縣，十幾歲時到開封藝校學美術。小日本鬼子發動侵華戰爭，他投筆從戎，考入黃埔二分校（武岡）17期步科，畢業後參加對日作戰，後來轉到警界工作。

後因私放被捕的進步學生，被軍統通緝，流落香港，又因緣際會到台灣讀了大學，畢業後考入香港匯豐銀行工作。改革開放後，他回故鄉和家人相聚生活。

## 玖、方西峰〈愛國主義千秋永存：黃埔教官方鎮中〉

方鎮中（一九〇二—）
原籍：河南省唐河縣
黃埔軍校政治教官
編有教材《總理遺教》（民國35年出版）

方西峰的文章沒有提到父親方鎮中生年，我查「維基百科」是一九〇二年生，但卒年都是「？」，不知為何？照理說他也曾經大有名氣，何年謝世？連維基百科也沒有記載。就按方西峰所述，簡介如下。

一九一九年，方鎮中應表兄郭須靜之邀進京，入讀北京師大附中，一九二三年畢業，他的革命思想啟蒙於郭須靜和李大釗（一八八九—一九二七，中共早期領導人，與陳獨秀同是中共主要創始人）。一九二三年考入北京法政大學，一九二六年在李大釗協助下入讀法國巴黎政治學院，一九三二年畢業。

一九三五年留學倭國，一九三六年倭國發生「二二六政變」，方鎮中感受到倭人侵華戰爭迫在眉睫，決心回國參加抗日救亡。一九三八年二月進入黃埔軍校，擔任14期中校政治教官，一九三九年三月調任國民政府軍委會戰時工作幹部訓練團第

4團。

一九四一年，戰幹團改稱中央戰時工作訓練團，方鎮中任少將總教官。勝利後，一九四六年離任，他在黃埔軍校政治科執教八年，帶過14到21期學生。他後來成為河南大學法學院院長、政治系主任。

# 第八章　八千里路雲和月：黃埔人的路

## 壹、北京《黃埔》雜誌二〇二二年第2期文章主題

### 特別策劃：黃埔後代風采：湖北篇

〈世代相傳愛國情、攜手共書富強夢：記黃埔後代盧綱〉
〈有擔當有作為的黃埔人：記黃埔後代李學鋒〉
〈醫學是一項需要具備高度人道主義精神的事業：記黃埔後代曾天舒〉
〈用心用情搭建中拉交流橋樑：記黃埔後代余熙〉
〈傳承黃埔精神、振興民族工業：記黃埔後代黃雍〉
〈三尺講台守初心、四季晴雨育後人：記黃埔後代梁紅〉

### 兩岸時評、軍事天地、情繫黃埔

張琳，〈二〇二一年兩岸關係回顧與展望〉
吳亞明，〈二〇二一年十二月—二〇二二年元月海峽兩岸大事記〉
石稼，〈特立獨行的法國「戴高樂」號航空母艦〉
石評，〈軍語新解〉
〈各地開展新春慰問黃埔同學活動〉
黃長迎，〈朱時和與中正劍〉
楊保羅，〈我的黃埔情緣〉

## 人物春秋與黃埔歷史

江冬，〈八千里路雲和月：黃埔軍校學員楊松青的大革命之路〉
何江，〈寧死不屈呂農三〉
陳宇，〈從第 5 期開學典禮看黃埔精神教育〉
呂燕娜，〈父親在黃埔軍校的生活片段〉
陳榕，〈爺爺的黑嘉麗〉
蒲元、鮑浩源，〈莽莽中條起戰雲：黃埔軍人李振華的抗戰記憶〉

楊守禮、黃勝利，〈再造百萬抗日雄師：中央傷兵管理處的豐功偉績〉

單補生，〈從邀請函到工字堂〉

賈曉明，〈一九二六年四月十六日，何應欽到黃埔軍校接任軍校教育長一職〉

熊子杰，〈你不知道的台灣：兩岸應知道的台灣歷史故事〉（六）

## 貳、從一把「中正劍」發現黃埔老前輩朱時和

朱時和（一九一五—二〇〇〇）

原籍：福建省邵武市

黃埔17期步科

二〇一二年，城郊鎮（註：中國有好幾個省有城郊鎮，此處應指福建省邵武市的城郊鎮）隔應村皇山井自然村，要進行舊宅復建項目，傅昌應家的豬欄被列入要拆遷的範圍。

拆遷過程中（經過可詳看黃長迎〈朱時和與中正劍〉一文），在豬欄屋頂瓦片

內發現一柄劍，尚保存完好。劍柄正面是「中央陸軍軍官學校第十七期二十一總隊畢業紀念」，背面是「校長蔣中正贈」，劍頸正面刻著「成功成仁」，背面刻著「一九四一朱時和」，劍總長四十厘米，其中劍柄長十三厘米，是一把短劍。

顯然這是一個重大發現，劍的主人是黃埔17期朱時和，但劍為何在傅家？朱家和傅家上代有何關係？年輕代也不知道。於是傅昌應找到福建省黃埔軍校同學會，找到了朱時和的訊息，也找到朱時和的兒子劉會華（劉會華跟養父姓），將寶劍歸還朱時和的後人。

朱時和，福建省邵武北門人，一九一五年生。一九三九年建甌師範畢業後，考入黃埔17期（武漢分校），編在21總隊12大隊，一九四一年畢業分發到第46補充兵團，先後當過排長、連長等。

在朱時和的帶動下，他的三個弟弟都先後參軍，走向抗日、抗美援朝戰場。其中朱時文、朱時泰加入國軍，一九四九年去了台灣，朱時敘（曾用名朱建平）加入解放軍，後參加抗美援朝戰爭。新中國成立後，朱時和回到老家邵武，於二〇〇〇年謝世。

## 參、一個黃埔世家，楊保羅〈我的黃埔情緣〉

楊保羅何許人？文章沒有說，只說到他祖藉湖南邵陽，出生在台北，成長在上海。他小時候，父親用腳踏車帶他和同學小夏，到蘇州河畔看四行倉庫，看到大門外有汪道涵「四行倉庫」題字。

楊保羅在文章中提到，他太外公鄺飛雄將軍是黃埔4期，太爺爺熊希上校是黃埔8期，爺爺楊繼寰上校是黃埔10期，叔公楊興華上校是黃埔14期。後來，太外公和爺爺去了台灣，太爺爺和叔公留在大陸。

隨著兩岸開放，二〇〇四和二〇〇五年，湖南衛視「真情」節目受託，完成大陸太爺爺和台灣爺爺的尋親願望，在中秋節播出，引起兩岸同胞關注。奶奶在節目中，還吟誦台灣詩人余光中（也是中國詩人）的著名一首小詩〈鄉愁〉：

小時候
鄉愁是一枚小小的郵票
我在這頭
母親在那頭

長大後
鄉愁是一張窄窄的船票
我在這頭
新娘在那頭

後來啊
鄉愁是一方矮矮的墳墓
我在外頭
母親在裡頭

而現在
鄉愁是一灣淺淺的海峽
我在這頭
大陸在那頭

我們中國歷史，雖說「分久必合、合久必分」，但兩岸到現在（二〇二三年），已分了74年，這是人的一生，也橫跨三代人。和歷史上分裂朝代（如三國、南北朝），都不算是分的最久，不知未來兩岸要怎樣統一？實在是麻煩的大問題。據聞，習主席任內要完成統一，希望他真有這個大能耐！他必超越秦皇漢武！

## 肆、八千里路雲和月：楊松青的大革命之路

楊松青（一九〇四—一九七七）

原籍：山西省朔州市

黃埔4期步科

楊松青，一九〇四年生，本名楊德魁，因工作需要多次更名（曾用楊雲州、楊秀峰，後定名楊松青）。新中國成立後，歷任重慶市委常委、市革委副主任、全國政協委員。有回憶文集《勁松常青》、傳記文學《楊松青》等作品傳世。

楊松青早在讀師範時，受同學鄭足引導加入CY（共青團）。一九二五年九月，

他成為黃埔4期生，編在入伍生1團9連，後該連集體加入國民黨，他也加入。不久中共要求團員轉黨員，他又加入共產黨。但一九二六年三月，他公開宣佈脫離國民黨。

楊松青本是黃埔4期生，但上級要他再入5期入伍生做黨團工作，他後來對中共地下工作貢獻很大。一九四〇年以前，曾在楊虎城部從事地上兵運，後任晉北新區特務團團長。一九四〇到一九四五年，在延安中央黨校、軍政學校、教員研究班學習。

一九四五到一九五〇年，任二野政治部敵工部部長。一九五〇到一九五四年，任重慶市委統戰部副部長、部長。一九五五年到一九七七年，任重慶市第一到五屆政協副主席。一九七七年三月廿四日，病逝於重慶。

## 伍、何江〈寧死不屈呂農三〉：中國人互相殺害的年代

呂農三（一九〇九—一九三二）

原籍：浙江省衢縣

## 黃埔6期

近百年的國共鬥爭，現在回顧去思索，這麼長的年代裡，最多的現象（事件等），就是中國人的相互殺害。國共都在對方陣營派出很多臥底，在對方發展地下組織，那些「地下人員」如果被補，大多死路一條，像這樣死掉的青年，只有「不計其數」形容，呂農三只是一個代表性的個案。

呂農三，族名呂信懋，一九〇九年九月一日，出生在浙江省衢縣蛟壟村里高壟，現在是衢州市衢江區湖南鎮蛟壟村里高壟自然村。一九二七年從軍編在26軍第1師，先後參加湯漢、金華、桐廬等戰役。

一九二七年六月，他被選送入26軍軍官團學習，此期問他加入共青團，不久成為正式黨員。一九二八年秋，呂農三所在的軍事交通技術學校，全部被拼入黃埔6期，呂農三擔任軍校教授部速記員，次年升中尉。此時，中共在軍校地下黨組織中，呂農三已是重要一員。

從一九二七年開始，國民黨進行「清黨」，身為共產黨員在當時是很危險的，如果被補，為了打開「破口」，必然會被折磨。國共兩黨就這樣相互折磨，各有「變節」者，各有寧死不屈者。

一九二九年五月，黃埔6期正準備畢業考，五月十日呂農三被南京首都警察廳扣押，他寧死也沒有暴露任何訊息。被關了很久，一九三二年五月三十一日，在中央軍人監獄被槍殺，同日死的尚有24歲的鄭光祖、29歲的張三川，而呂農三只有23歲。

## 陸、拼上性命也要把小日本鬼子趕出中國的呂瑞周

呂瑞周（一九一四—一九九五）

黃埔二分校17期砲科

呂燕娜在〈父親在黃埔軍校的生活片段〉，沒有提到籍貫和生卒年，也沒有寫到他父親的軍職經歷。上維基百科查到，呂瑞周一九一四年生，一九九五年謝世，呂燕娜整理父親相關資料，編輯一本《風雨千秋：我的抗戰、我的人生》，於二〇一三年，由天津人民出版社發行出版，應是呂瑞周的回憶錄體作品。

呂燕娜對父親最深刻的記憶，是「父親決心報考黃埔軍校，並立下誓言：血性

男兒縱使拼上性命也要把日本鬼子趕出中國去。」一九三九年，他終於考入黃埔17期（二分校），一九四一年畢業，他在畢業各項考試獲得榜首，獲校長蔣公贈「中正劍」一把，佩劍上刻有「成功成仁、蔣中正贈」

軍校生的在校生活上課演訓等，不論在廣州、南京、成都或各省的黃埔分校，乃至今之鳳山，在本質上都很相近。所不同者，只是時空環境不同，課程內容、工具、兵器有別，或「苦」的程度不同。

呂瑞周在一九四一年夏秋之交，辦完畢業手續，就趕到部隊報到，迎接即將到來血與火的考驗。他的抗戰、他的人生，應是很精彩的，趣者可看呂燕娜為父親出版的《風雨千秋》（天津人民出版社，二〇一三年）。

## 柒、黃埔軍人詩人李振華的抗戰記憶

李振華（一九一四—二〇〇〇）

原籍：河北冀縣

洛陽分校軍官訓練班4期

李振華，其父李文彪，精通武術，是八卦拳第三代傳人，曾任曹錕衛隊長、京兆南路警備司令、京畿警備東路司令等職。所以李振華自幼習武，在軍營中長大，精練各種武術。

一九二八年七月，他進入位在河北遵化的47軍（軍長高桂滋）軍政幹部學校學習，次年六月畢業。不久47軍縮改為獨立10旅，開赴山東，一九三〇年高部參與中原大戰，戰敗後退入山西。

一九三一年十一月，經張學良斡旋，高桂滋部編入國民革命軍第84師，從一九三三年起，負責長城喜峰口以東三十公里防線，長城抗戰該師傷亡很大，擊退了日軍的進攻。毛澤東在給84師高師長的信稱「國人同佩」，這光榮背後，也有李振東的一分努力和貢獻。他留下〈灤東抗戰〉一語，描述自己當時的心情：

日寇貪婪把榆關，長城內外起狼煙。
男兒報國何所懼，一笑揮鞭上戰鞍。

長城抗戰後，一九三五年十月，李振華被推薦進入黃埔洛陽分校軍官訓練班學習，他是4期2大隊。一九三六年七月十七日結業，他以一首〈洛陽軍訓〉詩，總結了學習感想：

世事滄桑起群雄，軍校受訓於洛城。
學員三千救國志，知遇畏友數更生。

從一九三七到一九三八年，他經歷了南口會戰、平型關大戰。一九三八年元月，他任84師二五〇旅第五〇〇團3營8連上尉連長，年底到次年三月，他在山西靈石、霍州一帶，也曾重擊日軍，在〈靈霍殺敵〉一詩，他痛快的寫出擊殺小日本鬼子的心情：

靈石偵察斃倭官，水峪伏擊斬敵頑。
霍口激戰孤軍險，退守石膏寇難殲。

抗戰時期在中條山的戰役有三回，一九三八年第四集團軍（總司令孫蔚如）堅守中條山，多次粉碎日軍圖謀；一九四〇年冬第四集團軍調離晉南，移防河南，而第84師自一九三九年四月進入中條山，一直堅守於此，經歷了中條山保衛戰；另一次晉南會戰（又叫中條山戰役），發生在一九四一年五月慘敗。

李振華所在的84師中條山戰況，他留下較多日記。在韓家溝之戰，他寫著「我連抗戰以來最激烈、犧牲最大的一次戰鬥，第一排傷亡過半……此役斃敵50餘名。」他留下〈弔四烈士〉詩：

莽莽中條起戰雲，坡嶺惡戰殺賊心。
寇屍縱橫烈士苦，嗚呼碑下弔忠魂。

一九四二年十一月，李振華升任84師第1補充團副團長，一九四五年五月任騎兵第6師軍務處中校主任。一九四六年八月加入共產黨，後曾任1野10師參謀長，抗美援朝期間，他參與防空作戰演習，一九五五年被授予空軍上校軍銜，二〇〇〇年四月廿四日病逝。

# 陳福成著作全編總目

## 壹、兩岸關係

①決戰閏八月
②防衛大台灣
③解開兩岸十大弔詭
④大陸政策與兩岸關係

## 貳、國家安全

⑤國家安全與情治機關的弔詭
⑥國家安全與戰略關係
⑦國家安全論壇。

## 參、中國學四部曲

⑧中國歷代戰爭新詮
⑨中國近代黨派發展研究新詮
⑩中國政治思想新詮
⑪中國四大兵法家新詮：孫子、吳起、孫臏、孔明

## 肆、歷史、人類、文化、宗教、會黨

⑫神劍與屠刀
⑬中國神譜
⑭天帝教的中華文化意涵
⑮奴婢妾匪到革命家之路：復興廣播電台謝雪紅訪講錄
⑯洪門、青幫與哥老會研究

## 伍、詩〈現代詩、傳統詩〉、文學

⑰幻夢花開一江山
⑱赤縣行腳・神州心旅
⑲「外公」與「外婆」的詩
⑳尋找一座山
㉑春秋記實
㉒性情世界
㉓春秋詩選
㉔八方風雲性情世界
㉕古晟的誕生
㉖把腳印典藏在雲端
㉗從魯迅文學醫人魂救國魂說起
㉘六十後詩雜記詩集

## 陸、現代詩（詩人、詩社）研究

㉙三月詩會研究
㉚我們的春秋大業：三月詩會二十年別集
㉛中國當代平民詩人王學忠
㉜讀詩稗記
㉝嚴謹與浪漫之間
㉞一信詩學研究：解剖一隻九頭詩鵠
㉟囚徒
㊱胡爾泰現代詩臆說
㊲王學忠籲天詩錄

## 柒、春秋典型人物研究、遊記

㊳山西芮城劉焦智「鳳梅人」報研究
㊴在「鳳梅人」小橋上
㊵我所知道的孫大公

㊶為中華民族的生存發展進百書疏
㊷金秋六人行
㊸漸凍勇士陳宏

**捌、小說、翻譯小說**

㊹迷情・奇謀・輪迴、
㊺愛倫坡恐怖推理小說

**玖、散文、論文、雜記、詩遊記、人生小品**

㊻一個軍校生的台大閒情
㊼古道・秋風・瘦筆
㊽頓悟學習
㊾春秋正義
㊿公主與王子的夢幻、
(51)洄游的鮭魚
(52)男人和女人的情話真話
(53)台灣邊陲之美
(54)最自在的彩霞
(55)梁又平事件後

**拾、回憶錄體**

(56)五十不惑
(57)我的革命檔案
(58)台大教官興衰錄
(59)迷航記、
(60)最後一代書寫的身影
(61)我這輩子幹了什麼好事
(62)那些年我們是這樣寫情書的
(63)那些年我們是這樣談戀愛的
(64)台灣大學退休人員聯誼會第九屆理事長記實

**拾壹、兵學、戰爭**

(65)孫子實戰經驗研究
(66)第四波戰爭開山鼻祖賓拉登

**拾貳、政治研究**

(67)政治學方法論概說
(68)西洋政治思想史概述
(69)中國全民民主統一會北京行
(70)尋找理想國：中國式民主政治研究要綱

**拾參、中國命運、喚醒國魂**

(71)大浩劫後：日本311天譴說
日本問題的終極處理
(72)台大逸仙學會

**拾肆、地方誌、地區研究**

(73)台北公館台大地區考古・導覽
(74)台中開發史
(75)台北的前世今生
(76)台北公館地區開發史

**拾伍、其他**

(77)英文單字研究
(78)與君賞玩天地寬（文友評論）
(79)非常傳銷學
(80)新領導與管理實務

# 2015 年 9 月後新著

| 編號 | 書　　　　名 | 出版社 | 出版時間 | 定價 | 字數(萬) | 內容性質 |
|---|---|---|---|---|---|---|
| 81 | 一隻菜鳥的學佛初認識 | 文史哲 | 2015.09 | 460 | 12 | 學佛心得 |
| 82 | 海青青的天空 | 文史哲 | 2015.09 | 250 | 6 | 現代詩評 |
| 83 | 為播詩種與莊雲惠詩作初探 | 文史哲 | 2015.11 | 280 | 5 | 童詩、現代詩評 |
| 84 | 世界洪門歷史文化協會論壇 | 文史哲 | 2016.01 | 280 | 6 | 洪門活動紀錄 |
| 85 | 三搞統一：解剖共產黨、國民黨、民進黨怎樣搞統一 | 文史哲 | 2016.03 | 420 | 13 | 政治、統一 |
| 86 | 緣來艱辛非尋常－賞讀范揚松仿古體詩稿 | 文史哲 | 2016.04 | 400 | 9 | 詩、文學 |
| 87 | 大兵法家范蠡研究－商聖財神陶朱公傳奇 | 文史哲 | 2016.06 | 280 | 8 | 范蠡研究 |
| 88 | 典藏斷滅的文明：最後一代書寫身影的告別紀念 | 文史哲 | 2016.08 | 450 | 8 | 各種手稿 |
| 89 | 葉莎現代詩研究欣賞：靈山一朵花的美感 | 文史哲 | 2016.08 | 220 | 6 | 現代詩評 |
| 90 | 臺灣大學退休人員聯誼會第十屆理事長實記暨 2015～2016 重要事件簿 | 文史哲 | 2016.04 | 400 | 8 | 日記 |
| 91 | 我與當代中國大學圖書館的因緣 | 文史哲 | 2017.04 | 300 | 5 | 紀念狀 |
| 92 | 廣西參訪遊記（編著） | 文史哲 | 2016.10 | 300 | 6 | 詩、遊記 |
| 93 | 中國鄉土詩人金土作品研究 | 文史哲 | 2017.12 | 420 | 11 | 文學研究 |
| 94 | 暇豫翻翻《揚子江》詩刊：蟾蜍山麓讀書瑣記 | 文史哲 | 2018.02 | 320 | 7 | 文學研究 |
| 95 | 我讀上海《海上詩刊》：中國歷史園林豫園詩話瑣記 | 文史哲 | 2018.03 | 320 | 6 | 文學研究 |
| 96 | 天帝教第二人間使命：上帝加持中國統一之努力 | 文史哲 | 2018.03 | 460 | 13 | 宗教 |
| 97 | 范蠡致富研究與學習：商聖財神之實務與操作 | 文史哲 | 2018.06 | 280 | 8 | 文學研究 |
| 98 | 光陰簡史：我的影像回憶錄現代詩集 | 文史哲 | 2018.07 | 360 | 6 | 詩、文學 |
| 99 | 光陰考古學：失落圖像考古現代詩集 | 文史哲 | 2018.08 | 460 | 7 | 詩、文學 |
| 100 | 鄭雅文現代詩之佛法衍繹 | 文史哲 | 2018.08 | 240 | 6 | 文學研究 |
| 101 | 林錫嘉現代詩賞析 | 文史哲 | 2018.08 | 420 | 10 | 文學研究 |
| 102 | 現代田園詩人許其正作品研析 | 文史哲 | 2018.08 | 520 | 12 | 文學研究 |
| 103 | 莫渝現代詩賞析 | 文史哲 | 2018.08 | 320 | 7 | 文學研究 |
| 104 | 陳寧貴現代詩研究 | 文史哲 | 2018.08 | 380 | 9 | 文學研究 |
| 105 | 曾美霞現代詩研析 | 文史哲 | 2018.08 | 360 | 7 | 文學研究 |
| 106 | 劉正偉現代詩賞析 | 文史哲 | 2018.08 | 400 | 9 | 文學研究 |
| 107 | 陳福成著作述評：他的寫作人生 | 文史哲 | 2018.08 | 420 | 9 | 文學研究 |
| 108 | 舉起文化使命的火把：彭正雄出版及交流一甲子 | 文史哲 | 2018.08 | 480 | 9 | 文學研究 |

| | | | | | | |
|---|---|---|---|---|---|---|
| 109 | 我讀北京《黃埔》雜誌的筆記 | 文史哲 | 2018.10 | 400 | 9 | 黃埔歷史 |
| 110 | 北京天津廊坊參訪紀實 | 文史哲 | 2019.12 | 420 | 8 | 遊記 |
| 111 | 觀自在綠蒂詩話：無住生詩的漂泊詩人 | 文史哲 | 2019.12 | 420 | 14 | 文學研究 |
| 112 | 中國詩歌墾拓者海青青：《牡丹園》和《中原歌壇》 | 文史哲 | 2020.06 | 580 | 6 | 詩、文學 |
| 113 | 走過這一世的證據：影像回顧現代詩集 | 文史哲 | 2020.06 | 580 | 6 | 詩、文學 |
| 114 | 這一是我們同路的證據：影像回顧現代詩題集 | 文史哲 | 2020.06 | 540 | 6 | 詩、文學 |
| 115 | 感動世界：感動三界故事詩集 | 文史哲 | 2020.06 | 360 | 4 | 詩、文學 |
| 116 | 印加最後的獨白：蟾蜍山萬盛草齋詩稿 | 文史哲 | 2020.06 | 400 | 5 | 詩、文學 |
| 117 | 台大遺境：失落圖像現代詩題集 | 文史哲 | 2020.09 | 580 | 6 | 詩、文學 |
| 118 | 中國鄉土詩人金土作品研究反響選集 | 文史哲 | 2020.10 | 360 | 4 | 詩、文學 |
| 119 | 夢幻泡影：金剛人生現代詩經 | 文史哲 | 2020.11 | 580 | 6 | 詩、文學 |
| 120 | 范蠡完勝三十六計：智謀之理論與全方位實務操作 | 文史哲 | 2020.11 | 880 | 39 | 戰略研究 |
| 121 | 我與當代中國大學圖書館的因緣（三） | 文史哲 | 2021.01 | 580 | 6 | 詩、文學 |
| 122 | 這一世我們乘佛法行過神州大地：生身中國人的難得與光榮史詩 | 文史哲 | 2021.03 | 580 | 6 | 詩、文學 |
| 123 | 地瓜最後的獨白：陳福成長詩集 | 文史哲 | 2021.05 | 240 | 3 | 詩、文學 |
| 124 | 甘薯史記：陳福成超時空傳奇長詩劇 | 文史哲 | 2021.07 | 320 | 3 | 詩、文學 |
| 125 | 芋頭史記：陳福成科幻歷史傳奇長詩劇 | 文史哲 | 2021.08 | 350 | 3 | 詩、文學 |
| 126 | 這一世只做好一件事：為中華民族留下一筆文化公共財 | 文史哲 | 2021.09 | 380 | 6 | 人生記事 |
| 127 | 龍族魂：陳福成籲天錄詩集 | 文史哲 | 2021.09 | 380 | 6 | 詩、文學 |
| 128 | 歷史與真相 | 文史哲 | 2021.09 | 320 | 6 | 歷史反省 |
| 129 | 蔣毛最後的邂逅：陳福成中方夜譚春秋 | 文史哲 | 2021.10 | 300 | 6 | 科幻小說 |
| 130 | 大航海家鄭和：人類史上最早的慈航圖證 | 文史哲 | 2021.10 | 300 | 5 | 歷史 |
| 131 | 欣賞亞媺現代詩：懷念丁穎中國心 | 文史哲 | 2021.11 | 440 | 5 | 詩、文學 |
| 132 | 向明等八家詩讀後：被《食餘飲後集》電到 | 文史哲 | 2021.11 | 420 | 7 | 詩、文學 |
| 133 | 陳福成二〇二一年短詩集：躲進蓮藕孔洞內乘涼 | 文史哲 | 2021.12 | 380 | 3 | 詩、文學 |
| 134 | 中國新詩百年名家作品欣賞 | 文史哲 | 2022.01 | 460 | 8 | 新詩欣賞 |
| 135 | 流浪在神州邊陲的詩魂：台灣新詩人詩刊詩社 | 文史哲 | 2022.02 | 420 | 6 | 新詩欣賞 |
| 136 | 漂泊在神州邊陲的詩魂：台灣新詩人詩刊詩社 | 文史哲 | 2022.04 | 460 | 8 | 新詩欣賞 |
| 137 | 陸官 44 期福心會：暨一些黃埔情緣記事 | 文史哲 | 2022.05 | 320 | 4 | 人生記事 |
| 138 | 我躲進蓮藕孔洞內乘涼--2021 到 2022 的心情詩集 | 文史哲 | 2022.05 | 340 | 2 | 詩、文學 |
| 139 | 陳福成 70 自編年表：所見所做所寫事件簿 | 文史哲 | 2022.05 | 400 | 8 | 傳記 |
| 140 | 我的祖國行腳詩鈔：陳福成 70 歲紀念詩集 | 文史哲 | 2022.05 | 380 | 3 | 新詩欣賞 |

| | | | | | | |
|---|---|---|---|---|---|---|
| 141 | 日本將不復存在：天譴一個民族 | 文史哲 | 2022.06 | 240 | 4 | 歷史研究 |
| 142 | 一個中國平民詩人的天命：王學忠詩的社會關懷 | 文史哲 | 2022.07 | 280 | 4 | 新詩欣賞 |
| 143 | 武經七書新註：中國文明文化富國強兵精要 | 文史哲 | 2022.08 | 540 | 16 | 兵書新注 |
| 144 | 明朗健康中國：台客現代詩賞析 | 文史哲 | 2022.09 | 440 | 8 | 新詩欣賞 |
| 145 | 進出一本改變你腦袋的詩集：許其正《一定》釋放核能量 | 文史哲 | 2022.09 | 300 | 4 | 新詩欣賞 |
| 146 | 進出吳明興的詩：找尋一個居士的圓融嘉境 | 文史哲 | 2022.10 | 280 | 5 | 新詩欣賞 |
| 147 | 進出方飛白的詩與畫：阿拉伯風韻與愛情 | 文史哲 | 2022.10 | 440 | 7 | 新詩欣賞 |
| 148 | 孫臏兵法註：山東臨沂銀雀山漢墓竹簡 | 文史哲 | 2022.12 | 280 | 4 | 兵書新注 |
| 149 | 鬼谷子新註 | 文史哲 | 2022.12 | 300 | 6 | 兵書新注 |
| 150 | 諸葛亮兵法新註 | 文史哲 | 2023.02 | 400 | 7 | 兵書新注 |
| 151 | 中國藏頭詩(一)：范揚松講學行旅詩欣賞 | 文史哲 | 2023.03 | 280 | 5 | 新詩欣賞 |
| 152 | 中國藏頭詩(二)：范揚松春秋大義詩欣賞 | 文史哲 | 2023.03 | 280 | 5 | 新詩欣賞 |
| 153 | 華文現代詩三百家 | 文史哲 | 2023.06 | 480 | 7 | 新詩欣賞 |
| 154 | 晶英客棧：陳福成詩科幻實驗小說 | 文史哲 | 2023.07 | 240 | 2 | 新詩欣賞 |
| 155 | 廣州黃埔到鳳山黃埔：44 期畢業 50 週年暨黃埔建校建軍百年紀念 | 文史哲 | 2023.08 | 340 | 5 | 歷史研究 |
| 156 | 神州邊陲荒蕪之島：陳福成科幻生活相片詩集 | 文史哲 | 2023.10 | 500 | 2 | 新詩欣賞 |
| 157 | 在北京《黃埔》雜誌反思 | 文史哲 | 2024.01 | 320 | 5 | 黃埔歷史 |
| 158 | 在北京《黃埔》雜誌回顧－陸官 44 期畢業 50 週年紀念 | 文史哲 | 2024.01 | 320 | 6 | 黃埔歷史 |

# 陳福成國防通識課程著編及其他作品

## （各級學校教科書及其他）

| 編號 | 書　　　名 | 出版社 | 教育部審定 |
|---|---|---|---|
| 1 | 國家安全概論（大學院校用） | 幼　獅 | 民國 86 年 |
| 2 | 國家安全概述（高中職、專科用） | 幼　獅 | 民國 86 年 |
| 3 | 國家安全概論（台灣大學專用書） | 台　大 | （臺大不送審） |
| 4 | 軍事研究（大專院校用）（註一） | 全　華 | 民國 95 年 |
| 5 | 國防通識（第一冊、高中學生用）（註二） | 龍　騰 | 民國 94 年課程要綱 |
| 6 | 國防通識（第二冊、高中學生用） | 龍　騰 | 同 |
| 7 | 國防通識（第三冊、高中學生用） | 龍　騰 | 同 |
| 8 | 國防通識（第四冊、高中學生用） | 龍　騰 | 同 |
| 9 | 國防通識（第一冊、教師專用） | 龍　騰 | 同 |
| 10 | 國防通識（第二冊、教師專用） | 龍　騰 | 同 |
| 11 | 國防通識（第三冊、教師專用） | 龍　騰 | 同 |
| 12 | 國防通識（第四冊、教師專用） | 龍　騰 | 同 |

註一　羅慶生、許競任、廖德智、秦昱華、陳福成合著，《軍事戰史》（臺北：全華圖書股份有限公司，二〇〇八年）。

註二　《國防通識》，學生課本四冊，教師專用四冊。由陳福成、李文師、李景素、頊臺民、陳國慶合著，陳福成也負責擔任主編。八冊全由龍騰文化事業股份有限公司出版。